尼采自传
瞧！这个人

〔德〕尼采/著　　刘崎/译

台海出版社

图书在版编目（CIP）数据

尼采自传：瞧！这个人 /（德）尼采著；刘崎译
. -- 北京：台海出版社，2017.12（2021.3重印）
ISBN 978-7-5168-1628-8

Ⅰ.①尼… Ⅱ.①尼…②刘… Ⅲ.①尼采（
Nietzsche, Friedrich Wilhelm 1844-1900）—自传 Ⅳ.
① B516.47

中国版本图书馆 CIP 数据核字（2017）第 267321 号

尼采自传：瞧！这个人

著　　者：〔德〕尼 采	译　　者：刘　崎
出 版 人：蔡　旭	封面设计：主语设计
责任编辑：武　波	

出版发行：台海出版社

地　　址：北京市东城区景山东街 20 号　邮政编码：100009

电　　话：010-64041652（发行，邮购）

传　　真：010-84045799（总编室）

网　　址：www.taimeng.org.cn/thcbs/default.htm

E - m a i l：thcbs@126.com

经　　销：全国各地新华书店

印　　刷：嘉业印刷（天津）有限公司

本书如有破损、缺页、装订错误，请与本社联系调换

开　　本：680 毫米 × 960 毫米	1/16
字　　数：120 千字	印　张：13
版　　次：2017 年 12 月第 1 版	印　次：2021 年 3 月第 3 次印刷
书　　号：ISBN 978-7-5168-1628-8	

定　　价：39.80 元

吾毕生唯喜读以血书之者

———尼采

目录

001　序章

001　为什么我这么有智慧

021　为什么我如此聪明

049　为什么我会写出如此优秀的书

064　《悲剧的诞生》

072　《不合时宜的思想》

079　《人性的，太人性的》

089　《曙光》

093　《快乐的知识》

095　《查拉图斯特拉如是说》

116　《善恶的彼岸》

118　《道德的系谱》

120　《偶像的黄昏》

124　《瓦格纳事件》

133　为什么我是命运

147　附录

148　附录1：尼采的天鹅之歌

168　附录2：一个自我批评的企图

183　附录3：译后语

185　附录4：尼采年谱

一 ➡ 序章

一

不久，我必须面对我同类的人，向他们提出前所未有的最大要求，因此，我觉得我必须在这里宣布我是谁以及我是什么样的人。事实上，这是早已非常明显的事，因为我没有让自己成为"没有事实证明的人"。人们既不相信我的话，也不了解我，这是一个事实，这个事实将我的伟大事业和我同时代人的渺小性之间的悬殊，明白地表现出来了。

我依赖我自己的荣誉而活，如果说我是完全活着的，也许只是一个偏见。所有我要做的事，是对那些在夏天访问恩加丁的"学者们"的任何一个人说话，以使我自己相信我"不是"活着的……在这种种环境之下说："听着！因为我是如此如此的一个人，请看在老天爷的分上，不要把我和任何其他的人混在一起！"这样说乃是一种本分，而且是我习惯的沉默，尤其是天性的自傲所反抗的本分。

二

在任何一方面，我都不是一个怪物，尤其不是一个道德上的怪物。我的天性和被称为有德行的人，确实是完全相反的。但是，在我们之间，我觉得这正是一个自傲的理由。我是哲学家狄俄尼索斯的门徒，而且宁可做一个登徒子，也不愿做一个圣徒。可是，我只要求你们读读这本书吧！也许，在这里我以一种愉快而同情的态度，成功地表现了这种对立性。也许这部书除此以外，没有其他的目的。

我承诺去完成的最后一件事是"改良"人类。我没有建立新的偶像，我只希望旧的偶像了解所谓赋有人类双脚的意义，到底是什么。打倒偶像非常接近我的工作。一旦我们捏造了一个观念世界，我们就剥夺了现实世界的价值、意义和真理……

"真实世界"与"表面世界"用英语来说，就是虚构的世界和现实世界……这个观念的谎言一向是现实世界的祸因：由于它，人类最基本的天性变成厚颜和虚伪，而因为过于厚颜和虚伪，这些价值已渐渐被人尊崇，其实，这些价值与确保人类繁荣、人类未来以及对这个未来的最大要求的那些价值正好相反。

三

凡能吸入我著作中气息的人，他就知道，这是高岗上的空气，使人精神焕发。一个人必须适应这种空气，否则就会有受寒的危险。寒冰临近，孤独可怕。然而，在阳光下的一切东西是多么沉静！一个人是多么自由地呼吸着：他感觉有太多东西躺在他的足下！如我一向所了解和经历的，哲学是自由地退隐到冰区和山峰，是对存在中一切陌生而可疑东西的寻求，是对一向为道德所严禁的任何东西的寻求。由于这种在禁地漫游所得到的长时期经验，我知道如何以一种与一般人看似相宜的不同方式，去观察人类道德化和观念化的各种原因。

哲学家的秘史，他们伟大名字的心理被显示给我了。一个心灵能够持有多少真理呢？将尝试多少真理呢？这些问题一天一天地愈加成为我的基本准则。对观念的信仰不是盲目；错误是怯懦，在知识方面的任何征服、任何进步，是勇气、自制和自净的结果。我并不拒斥观念，我只是在面对它们时，戴上我的手套而已。我将借助这个标志而从事征服；因为最为严加禁制的总是真理。

四

在我的著作中，《查拉图斯特拉如是说》一书占有特别的地位。凭借这本书，我给同胞送去一份最大的赠礼。这本书不但是世界上最傲慢的书，是真正属于高山空气的书，一切现象，人类都是躺在它足下的一个难以估计的遥远地方，而且也是最深刻的书，是从真理的最深处诞生出来的；像一个取之不尽的源泉，任何盛器放下去无不满载而归。在这里，没有"先知"向我们说话，没有把可怕的疾病和权力意志混淆的宗教创造者。如果一个人不严重地损害他自己的智慧，他会特别对查拉图斯特拉的声音——一种平静的声音——给予适当的注意。

最平静的言语往往是狂飙的先声；静悄悄而来的思想领导了这个世界。

无花果从树上落下，它们新鲜美味。落下时，它们的红色外皮崩裂了。对这些成熟的无花果，我好像北风似的。

因此，朋友们，像无花果一样，这些理论的果子，的确是为你们而落下：吸取它们的果汁和新鲜的果实吧！现在是秋色满布、晴空万里的午后。

此地，没有狂热的信徒向你们说话：这不是"教训"，不需要任何信仰。我的话，一点一滴的，从无限光辉和喜悦的深度倾泻而出，这些议论的进度是缓慢而有节度的。这种种东西只给那些经过严格挑选的人；能在这里做一个倾听者是一种无上特权；并不是任何愿意的人都能够听查拉图斯特拉说话。那么，我们应当说查拉图斯特拉是一个蛊惑者吗？……但是，当查拉图斯特拉第一次回到幽居的地方时，他究竟说了些什么呢？他所说的与那些所谓"圣者""圣徒""赎罪者"或其他颓废者要说的正好相反……他的言辞和他本人都与他们不同。

我的门徒们，现在我独自而去！你们现在也离去，独自离去吧！我希望如此。

我实在地劝告你们：离开我，为你们自己防备查拉图斯特拉！耻笑他吧！也许他已经欺骗了你们。

智者定能不但爱他的敌人，也能恨他的朋友。

如果一个人还只是一个学者，那么，他很需要找一位教师。你们为什么不牵曳我的花冠呢？

你们尊崇我，万一你们的尊崇有一天消失了，那将怎么办呢？留心！免得让雕像压扁你们！

你们说，你们相信查拉图斯特拉吗？但是，查拉图斯特拉有何重要呢？你们是我的信仰者，但是，所有的信仰者又有何重要呢？

你们还没有找寻到你们自己；然而，你们发现我。所有的信仰者都是如此；所以，一切信仰者都微不足道。

现在，我要命令你们丢开我去找寻你们自己；只有当你们都排拒我时，我才会回到你们。

尼采

在这个完美的日子，不仅葡萄渐呈褐色，而且当一切事物都在成熟时，我的生命碰见一线阳光：我向后回顾，也向前瞻望，我从来没有一下子看过这么多美好的事物。今天，我并非白白埋葬了我的第四十四个年头，我有理由去埋葬它，其中重要的已被保留下来了，而且是永远不朽的。《重估一切价值》的第一部，《查拉图斯特拉如是说》《偶像的黄昏》，所有这一切都是这一年生命的恩赐，甚至是最后三个月的恩赐。我怎能不感谢我的整个一生呢？

因此，我将告诉我自己有关这个生命的故事。

一 → 为什么我这么有智慧

一

我一生的幸福及独特的性格是命中注定的：用奥妙的方式来说，如果像我的父亲，我早已死了，如果像我的母亲，我还继续活着而且渐渐老了。从人生阶梯的最高层和最低层去看它的话，这双重根源是一种衰落，也是一种新生，这一点说明了我与众不同的那个中间性格和免于对一般人生问题的偏狭看法。

对上升和下落的最初象征，我比任何人都更敏感。在这方面，我是非常内行的，我知道这两方面，因为我就具有这两方面。我的父亲36岁过世，他文弱、可亲、多病，就像是一个命中注定要短命的人，一个仁慈得使人想起生命而不是生命本身的人。

在我父亲生命衰老的同一年，我的生命也开始衰老：在我36岁的那一年，我的生命力降到了最低点。我仍然活着，可是我看不到面前三步以外的地方。那时，即1879年，我辞去巴塞尔大学的教职，整个夏天，像幽灵一样住在圣慕利兹，而冬天，也是我生命中最黯淡的一段时期，也是像幽灵一样住在瑙姆堡，那时候是我生命的最低潮。《漂泊者及其影子》一书就是这个时期的作品。

我那时经常见到幻象，那些幻象如此真切。第二年冬天，也就是我住在意大利热那亚的第一个冬天，带来了那种几乎与极度贫血和瘦弱离不开的愉快和灵性。我在这个时期的作品是《曙光》。从这本书反映出来的完全的明朗和愉快以及理智的旺盛，不但与我身体上的极度衰弱同步，而且也与过度的痛苦同步。在七十二小时头痛和剧烈头昏所引起的痛苦中，我却具有理智上的极度清醒，然后在冷静的状态下，我想出了许多东西，可是在我较为健康的时候，反而不够细密，不够冷静来获得这些东西。

读者们可以知道，我是把理智当作一种颓废衰落的征兆，就像在那最有名的例子中所表示的，在苏格拉底的例子中所表示的一样。一直到现在，我还没有尝过一切理智上的病碍，甚至发烧以后的半昏迷状态。如果我想知道这些现象的性质和频率，我还得诉诸这方面的书本。我的血液循环很慢。没有一个人能在我身上找出发烧的痕迹。有一位医生曾经把我当神经病患者医治了一段时间，最后他说："不，你的神经毫无毛病；我自己的神经倒有问题。"

虽然由于全身疲惫，我的消化系统极端脆弱而备受折磨，可是他们却不能在我身上找到任何局部的衰退，或者胃方面的任何机能毛病，甚至我眼睛上的毛病，时有接近失明的危险，但也只是一种结果而不是原因。因为，我在健康方面的任何改进，在我的视力方面，也会导致相当的增进。对我而言，长时期以后就会复原。但是，说来可悲，这个长时期也包括复发、崩溃与衰颓周期。这样，你们还要我说我对衰颓问题有经验吗？这些问题我是知道得非常清楚的。

甚至那种把握一般问题的精密技能，那种明察秋毫的感觉，那种见微知著的心理状态以及我所能做的任何其他事情，都是那时候开始学到的，也是那个时期的特别赐予。因为在那个时期，我身上的任何东西都被精炼化了，包括观察力以及一切观察器官。以我的经验，从病弱者的立场去看比较健全的概念和价值，反之，从丰富生命的旺盛和自信去看衰颓本能的潜伏活动，是长时期训练而成的。如果说我在某方面有所长的话，我可以说，我在这方面的确具有特长。现在，我的手是很熟练的，它具有一种颠倒乾坤的本领，也许这就是为什么只有我才能对一切价值重新估价的最重要理由吧！

<h2 style="text-align:center">二</h2>

假如说我是一个衰颓者，也可以说我是一个与此刚好相反的人，关于这一点，我可以提出一个证明：我总是本能地选取适当的治疗方法而不会选取有害的那种。可是，那些衰颓者却都是选择那种有害于他们的治疗方法。就整个而言，我是健康的，只在某些细微部分，我才是一个衰颓的人。使自己处于绝对孤独以及脱离生活习惯的能力。不让自己被纵容、服侍和照顾的自制力，所有这些都表示出在关于最

需要的东西方面，我本能上的绝对确定性。我把自己置于自己的掌握之中，我恢复我的健康：像所有生理学家所说的，要达到这个目的，成功的第一个条件是这个人本身是健全的。

一个在本质上病态的人根本就不能变为健康的，靠一个人自己努力去变成健康，那更是不可能。另一方面，对一个内在健全的人而言，疾病甚至可以作为生命的有力刺激品，作为生命旺盛的刺激品。我就是以这种态度来看待我长时期的疾病：我好像重新发现了生命，包括我的"自我"在内。我在某种方式之下，尝过一切美好甚至惊奇的东西，可是别人在同样方式之下，却无法得到它们，从我的健康和生命意志中，我创造了我的哲学。

因为我希望这一点能为人所理解，所以就在我生命力最低落的那几年中，我不再是悲观主义者了：自我恢复的本能不容许一种贫乏和绝望的哲学。好，现在我们要怎样去认识"自然"中最卓越的人类呢？从下述事实中我们可以认识他们，即这种卓越的人使我们感到兴奋；他是从一个坚硬、可爱而芳香的东西中脱颖而出的。

他只享受对他有利的东西；当超出对他有利东西的范围时，他的快乐、他的欲望就停止了。他发现补救损害的方法；他知道怎样把那些严重意外事件变为对他有利的东西；凡是对他无害的东西，都使他更坚强。他本能地从他所看到、听到和经历到的一切东西中收集他的资料。

他遵循一个淘汰原则；他扬弃很多东西。无论他所接触的是书本、人或自然景色，他总有所伴；他尊崇他选择的东西，他尊崇他承认、信任的东西。他对一切刺激反应都很慢，而这种缓慢性是长久的谨慎和故意的高傲在他身上所产生的，他考验那迫近的刺激；他不会想到去接近它。他不相信"坏运"，也不相信"罪恶"，他能了解自己和别人，他知道怎样去忘却，他坚强得足以使任何东西都得对他有利。

那么请看！我是与衰颓者刚好相反的人，因为，我刚才所描写的那个人，不是别人，正是我自己。

三

这种双重经验，这种接近两个似乎完全不同世界的方法，从我的本性反映出来，我具有一个"他我""另一个自我"：我具有一个"第二"视觉，甚至我还具有一个第三视觉。我的天性使我具有一种超越地方、民族和有限范围的眼光；我毫不费力地做一个"优良的欧洲人"。在另一方面，也许我比现代德国人，比帝国时代的德国人更像德国人。

不过，我的祖先是波兰贵族，因为他们，所以在我的血液中，拥有那么多的种族本能。当我想到在旅行中，甚至波兰人自己也会时常把我当作波兰人时，当我想到很少人把我看作德国人时，我就感到我好像是属于那些只有一点点德国人味道的人。

不过，我母亲弗朗西斯卡·欧赫娜在任何一方面，都是一个典型的德国人；我的祖母厄德慕丝也是一样。祖母的整个少年时期，都是在魏玛度过的，在魏玛时，她曾与歌德周围的人有过接触。当赫尔德去世以后，祖母的兄弟——哥尼斯堡大学神学教授克劳斯，应邀担任魏玛宫廷总监。祖母的母亲，也就是我的曾祖母，以"慕斯珍"之名经常出现在青年歌德的日记里。她的第二任丈夫就是爱伦堡的尼采总监，大战那一年，1813年的10月10日，当拿破仑及其总部进入爱伦堡的那一天，她生了一个男孩。她是撒克逊人，可是她非常崇拜拿破仑，我也如此，也许我现在还是非常崇拜拿破仑。

我的父亲生于1813年，死于1849年。在担任卢岑不远的洛肯教区的牧师以前，他曾经在阿腾堡住了几年，在那里，他负责过四位公主的教育。他的四位学生是汉诺威皇后、康斯坦丁女大公爵、奥登堡女大公爵和萨克斯·阿腾堡的泰莱莎公主。他非常忠于普鲁士国王腓特烈·威廉四世，从威廉四世那里，他获得在洛肯的生活费用。1848年事件，使他非常伤感。因为我生于10月15日，也就是威廉四世的生日，因此，很自然地，我就被冠上霍亨索伦王朝腓特烈·威廉这个名字。在这一天出生，有一个很大的好处，就是在我童年时期，我的生日也是举国欢腾的日子。

有这么一位父亲，我引为无上光荣。我甚至觉得，除了生命以外，除了对生命的肯定以外，这件事抵得上所有我能引为光荣的东西。我父亲给我最好的东西，莫过于下列事实，那就是我根本无须特殊打算，只要有耐心，就可以自然而然地进入一个拥有更高尚和更优美的世界。在这个世界，我可以自由自在地生活着，也只有在这个世界，我最深的热情，才能得以自由地发挥，我几乎因为这份光荣而付出我的生命，但是这还是一个划得来的交易，一个人即使想稍稍了解一点我的《查拉图斯特拉如是说》，那么他必须置身于像我自己一样的境地中，冒险。

四

即使当我认为最值得与人敌对的时候，我也从来不了解引起敌对的方法，关于这一点，我也得感谢我那伟大的父亲。不论看起来，我是多么异端的，我对自己也没有一点恶感。看看我的一生，你就可以发现，很少人，也许只有一次，对我表示过恶意；也许你可以发现太多善意的表示，即使与那些任何别人都与之有过不愉快关系的人相接触，我的经验也毫无例外地告诉我，他们与我处得不错；我驯服任何粗野的人，我甚至可以使粗鲁不驯的人态度良好。在巴塞尔大学教授高年班希腊文的七年中，我从来没有惩罚学生的机会，在我的班上，即使最懒惰的学生也变得用功起来。我经常准备接受意外的事件。

我能够采取任何手段，即使只有像"人"这种手段才能表现得那样不协调，除了我生病的时候，我往往能够从其中诱导出一些值得听的东西。这些"手段"好几次没有告诉我，他们以前从未听过这种话。也许，把这种感觉表现得可爱的是年轻的海因里希·冯·施坦因，施坦因很年轻就死去了，在慎重地获得允许之后，他曾一度在西里斯马利亚做了三天的停留，他在该地向每个人解释，他因为恩加丁①的缘故而没有来。这个优秀的人，以其普鲁士年轻贵族激烈的单纯，曾经深陷瓦格纳的泥沼中，并陷入都灵②思想的泥沼中。在这三天之中，他几乎为一种自由的暴风所转变，就像一个突然被抬到顶点而且长了翅膀的人一样。

我一再地告诉他，这只是使人兴奋的空气所带来的结果：每一个

---

① 恩加丁，瑞士一座山名。

② 都灵，当时德国的哲学家和政治经济学家。

人都有同样的感觉，一个置身拜罗伊特六千英尺以上的人，不可能没有这种感觉，但是他不会相信我的话。尽管如此，如果我曾经碰到过许多小小不快甚至非常不快的话，这不是"有意"尤其不是"恶意"造成的；正如我早已表示出来的一样，毋宁说使我抱怨的反而是善意，那种在我生命中没有引起一点祸害的善意。

我的经验使我有理由怀疑一切所谓"不自私"的倾向以及所有的"亲切友爱"。我觉得它们是衰弱的象征，是经不起激励的表现的，只有在衰颓者当中，这种怜悯才被称为美德。我之所以责难怜悯者，是因为他们太容易忘记谦逊、尊敬以及如何保持距离的感觉，他们忘记了，这种一时心软的怜悯是带有群氓臭味的，他们也忘记了这与不良态度只差一步。

这种怜悯的人可能被导入一个巨大命运，一个令人痛苦的孤立以及与巨大罪行连在一起的特权中而带来有害的结果。我认为克服怜悯感也是高贵的美德之一。在《查拉图斯特拉如是说》中，我曾想象出一种情形，他听到一声巨大的痛苦呼叫，于是怜悯之感便裹挟着他，使他破坏自己的信念。在这种情形之下，使自己仍然是自己的主人，保持一个使命的高贵性不受那些所谓不自私行动引起的低劣而较短视的动机所影响。这是一个考验，也许是最后的考验，这种考验是一个查拉图斯特拉式的人所必须遭遇的，这也是他力量的真正证明。

五

　　另外一方面，我简直是我父亲的翻版，也好像是他英年早逝的生命延续。在我所碰到大大小小愚蠢可笑的情况时，像每个无法碰到敌手，也不能领会"报复"观念和"平等权利"观念的人一样，我抛弃了一切安全或保护手段。同时，自然地，我也抛弃了一切防卫和辩护手段。我报复的方式是这样的：当我碰到愚蠢行为时，我立刻用一种聪明的行为来对付它；用这种方法，也许我们还可以压倒它。用一个比喻来说：为了避免酸味，我会吞下一瓶果酱……让任何人冒犯我看看。我会"报复"，他可能知道，不久我会找个机会向"冒犯者"表示我的谢意，特别是为他的冒犯表示谢意，或是找个机会向他索要某些东西，这种要求甚至比给予更为礼貌。

　　我还觉得，最粗鲁的言语，最粗鲁的书信都要比沉默更温和诚实。那些保持沉默的人，差不多经常是缺乏内心的精细和雅致的；沉默是一种令人讨厌的东西；把冤屈往肚子里咽必然会产生不好的心情，甚至使人倒胃口。所有沉默的人都是消化不良的人。你可以看到，我是不在乎那种被人瞧不起的粗鲁的，它是最富有人情味的一种反驳方式，同时，在现代的柔弱中，它是我们最好的美德之一，如果一个人充分粗鲁的话，即使错了，也可能是一种快乐。来到这个世界上受尊敬的人，不可避免做错事，因为，把罪过而不把惩罚承担在自己身上，是神性的基本象征。

六

避免愤恨并了解愤恨，谁知道我能得到这些重要的东西，该多么感谢我长期的疾病呢？这个问题确实不简单，要了解这个问题，一个人必须体验过他的力量和衰弱。如果我们对疾病和衰弱怀着怨恨，就会削弱我们对疾病和衰弱的复原本能，而这种本能是人身上的一种抵抗和战斗本能。他不知道如何避免任何东西，不知道如何完成任何东西，也不知道如何抛弃任何东西。

一切东西都会损害他。人们与事物纠缠得太密切了，所有经验都太深了，于是，记忆是一件烦心的痛苦。疾病本身就是一种愤恨。病者，只有一个主要的治疗方法来对付它，我称它为"俄国的宿命论"，当战争变得无法得胜的时候，俄国士兵就使用这种不反抗的宿命论，最后躺进雪地里。不再接受任何东西，完全停止一切反应。这种宿命论的智慧，往往不仅是面对死亡的勇气，而且在最危险的环境下，也有助于自我保全，这等于减少生命机能中的活动，而这种生命活动的缓慢过程就像是一种蛰伏不出的意志一样。

　　比这个更厉害一点的，就是苦行僧，他们会在墓穴中躺上几个礼拜，当一个人有所反应时，他很快就会疲惫，于是，他根本就不再反应了：这是一个原则。没有东西比愤恨情绪能更快地消耗一个人的精力。抑郁烦闷，容易生病，无力报仇，欲望，渴望报仇，吸收各种毒性。对一个疲乏的人而言，这的确是最有害的反应态度。这包含了一种神经活动急速的疲乏，一种有害分泌物的反常增加，例如胆汁分泌物进入胃中。

　　病人尤其不宜愤恨，这对他特别危险。但是，很不幸，这也是他最自然的倾向。那位最渊博的生理学家佛陀，对这个事实了解得最清楚。为了避免把它与基督教那样最卑劣的东西相混，我们最好称佛陀的"宗教"为摄生学，其效果是为了克服愤恨，使心灵避开愤恨，那是走向痊愈的第一步。"不能以敌意终止敌意，只能以友谊终止敌意"这是佛陀教训的第一原则。这不是道德的表现，而是生理学的表现。

　　由衰弱而产生的愤恨，损害最大的莫过于衰弱者本身。相反，对一个年富力强的人而言，愤恨是一种多余的感情；如果他还拥有这种感情的话，这种感情几乎就是精力充裕的一个证明。有些人知道，我的哲学是用一种热忱向仇恨和怨恨感情宣战，甚至攻击"自由意志"学说的，我与基督教的冲突只是它的一个特例，这些人将了解到，我为什么想在这方面强调我个人的态度以及我实践本能的真实明确。在我衰颓期间，我不容许自己有这些感情，它们是有害的；但是，一旦当我的生命力恢复到旺盛，意志高扬的时候，我还是不容许自己有这些感情，不过，现在理由不同了，因为它们有损我的尊严。

我所说"俄国的宿命论"是以下述的方式在我身上表现出来的，即：多年以来，一旦偶然的机会使那些几乎不堪忍受的环境、场地、住所、朋友对我有所阻碍时，我始终坚持它们，这比改变它们要好些，这比感觉到改变它们要好些，这比反抗它们要好些。那时候，凡是妨碍这个宿命论的人，凡是企图勉强唤醒我的人，我都觉得是我的死敌。事实上，每当这样做的时候，就有死亡的危险。把自己当作宿命的，而不希望自己"有所不同"，在这种环境之下，就是最高的智慧。

七

但是战斗是另外一回事，根本上来讲，我，就是一个战士，攻击是我的本能。

一个人要能成为别人的敌人，但要能成为敌人，要先有强健的体质，在任何情况下，这是与一切强健体质连在一起的。它们需要阻力，因此，它们寻求它：侵略感必然属于力量，正如报复和怨恨必然属于衰弱一样。例如，女人是怀恨的：她们的衰弱包含了这个感情，正如包含了她们易于感受别人的不幸一样。

侵略者的力量，取决于他遭遇的抵抗；一切力量的增加表现在寻求不可轻视的对抗者，或者表现在寻求问题之上。因为一个战斗性的哲学家甚至总向问题挑战。他们的事业不是压服一般的对抗者，而是压服那些我们必须集中力量、才智和豪气对抗的人，也就是可以成为我们敌手的那些对抗者。成为敌人的对手，这是一个光荣决斗的第一条件。当一个人轻视别人的时候，他就不能向他挑战。当一个人发号施令的时候，当一个人把某些东西看作不如他的时候，他就不应该挑战。

我的战略包含四个原则：

第一，我只攻击那些胜利的东西，如果必要的话，我会等着它们变成这样时才攻击它们。

第二，我只攻击那些我在攻击时找不到盟友的东西，也就是说，只攻击那些我必须单独攻击的东西，只攻击那些我在攻击时只连累自己的东西。我从来没有公然采取一个不连累我自己的步骤，这是我所谓正当行为方式的标准。

第三，我从不攻击人身，我只把人物当作一个有效的放大镜，借此可以使那一般的，但捉摸不定、难以接触的丑恶看得更清楚。我以这种方式攻击大卫·施特劳斯①，或者说得更正确一点，我以这种方式攻击德国文化界继续给予一本老书的欢迎。因而，我当场看破这个文化。我以这种方式攻击瓦格纳，或者说得更正确一点，我以这种方式攻击我们"文化"的虚伪或杂种本性，这种虚伪或杂种本性把精英与繁多，衰颓与伟大混为一谈。

第四，我只攻击那些排除一切个人差异的东西，只攻击那些其中缺乏令人不快经验的东西。诚然，对我而言，攻击是善意的证明，同时，在某种环境之下，也是感激的证明。我凭借它来表示我对一件东西的尊重，我凭借它使某种东西显得与众不同，无论我是否把我的名字与一种制度或人的名字连在一起，无论我对二者是赞成还是反对，对我而言，一切都是一样的。我向基督教挑战，我之所以这样做是因为从基督教范围里没有碰到过不幸或困难。最热心的基督徒们，总是对我表示善意。就个人而言，我是一个最反对基督教的人，我个人绝不对长时间的必然结果负责。

---

① 大卫·施特劳斯，德国理性主义神学家。

八

可以容我指出我体质上最后一个特点吗？在我与他人交往时，这个特点为我带来不少困扰。我有一种完全不可思议的洁净本能；因此，我能在生理上探索到，能嗅到附近的地方，能嗅到最内在的地方，能嗅到每个人心灵的最深处……这个敏感性具有心理触角，我可以借此而觉察并把握任何秘密，我可以第一眼就看出那些隐秘在许多人性深处的污秽，这种看不见的污秽可能是卑劣血统的结果，但在表面上可能盖上一层后天教育的保护膜。如果我的观察正确的话，为我的清洁感所不能忍受的人，他们也会觉察到由于我的厌恶而产生的小心谨慎；但这并不会使他们更为芬芳一点。我对自己的一种严格清洁态度是我生存的第一个条件；在不清洁的环境中，我会死的。

因此，我养成了一种习惯，常常喜欢在水中，在任何完全透明清澈的物质中游泳、洗澡和拔刺。这就是为什么我一点也不耐于社交活动的缘由；我的人情不是表现在同情别人的感受上，而是表现在能忍受那种同情，我的人情是一种不断的自我控制。

但是，我需要孤独，我需要恢复我的本来面目回到我自己，呼吸自由、清新而令人兴奋的空气。我整个《查拉图斯特拉如是说》就是一首对孤独的赞美歌，就是一首对清洁的赞美歌。幸而它不是一个

"pure foolery"①，对色彩敏感的人会说它们是金刚钻。对人类、对贱民的厌恶，总是我最大的危险……你们愿意听查拉图斯特拉说摆脱厌恶感的那些话吗？

我遭遇了什么事？我怎么样摆脱了厌恶感？

谁使我的眼睛返老还童？我怎样飞到了高处？

在那里再也没有坐在井边的贱民。

我的厌恶感替我创造了双翅和预见源泉的力量吗？

我确实要飞到最高的峰上，重新去发现快乐之泉！

啊！我的兄弟们，我曾经发现了它。

在这最高的峰上，为我沸涌着快乐之泉。

这里有一种生命，在这生命的海洋上，没有贱民与我同饮！

你，快乐之泉，何其猛烈地为我奔驰，

而你总是酒杯空空以待再次盛满！

我要更柔顺地接近你，我的心何其猛烈地奔向你。

---

① pure foolery，指瓦格纳歌剧《帕西法尔》的一个角色。——英译者注

我的心，我的夏天在心上燃烧着，

我短促的、炎热的、阴郁的、快乐的夏天，

我夏天的心多么渴望着你的平静。

我春天迟迟不去的苦恼过去了！

我六月雪花的邪恶过去了！

我已完全变成了夏天和夏天的炎热正午！

在最高峰的夏天，有冰冷的泉水和快乐的沉静。

啊！朋友们，来吧，身处沉静也许变得更快乐！

因为这是我们的高处，我们的家，

对一切不洁之人和他们的热望，我们的居处太高太险了。

我的朋友们，只把你们清净的眼光投向我的快乐之泉吧！

它怎能变得污浊呢？它要以它的"清净"背对着你微笑。

在未来的树上建筑我们的巢，

老鹰要用它的嘴为我们这些孤寂的人，带来食物！

实在没有可供不洁净的人分享的食物，

"贪婪的欲火会灼伤他们的胃口，吞噬他们的灵魂。"

这里实在没有为不洁净者准备的居所，

把他们的肉体和灵魂安置在冰洞里，那将是我们的幸福！

我们要像强风一样，居住在他们的上方，

与老鹰为邻、与白雪为邻、与太阳为邻，强风不息。

有一天，我要像风一样在他们当中吹过，

我要以我的精神从他们精神中吸取气息；我如此期待我的

未来。

对所有低下的地方，查拉图斯特拉是一阵强风，

他劝告他的敌人们和任何唾吐一类的生物。

小心！不要轻视那阵强风！

一 ⟶ 为什么我如此聪明

一

为什么我比别人知道得多？换句话说，为什么我这么聪明？我从来没有思考过那些不是真正问题的问题。我从来没有浪费过我的力量。例如，我没有经历过任何宗教方面现实的困扰。我一点也不知道所谓"有罪"的那种感觉。

同样，我没有一种测试良心悔恨的标准；我觉得良心的悔恨不是什么值得重视的东西；我不喜欢把我的行动置于危难之中；我喜欢从具有价值的问题中完全除去坏的结果。因为在邪恶结果之前，太容易失去观察一个行动的适当立场。我觉得良心的悔恨是一种"邪恶之眼"。

某些失败过的东西，正因为它已经失败，所以更应该加以尊敬，这更能符合我的道德观。"上帝""灵魂不朽""拯救""来世"，这些都只是观念，我一点也不注意这些观念，也从来没有对这些观念浪费过我的时间，甚至当我还是一个小孩子的时候。虽然对于这方面，也许我从来就不够被称为一个小孩，我根本不知道作为一种结果的无神论，更不知道作为一种事物的无神论；对我而言，这是本能。

我太好问、经常怀疑、过分傲慢，以致不可能对完全显明地解决事物疑难感到满意。上帝就是这么一种完全显明的解决意图：在我们思想家看来，这是一种一点都不高明的解决方式。从根本上说，上帝不是别的，只是对我们的一种粗劣命令：你不应该有思想。我对另外一个问题很感兴趣，"人类的拯救"对这个问题的依赖远比对任何一项神学奇迹的依赖更明显——营养问题。

为了一般目的起见，我们可以这样说：为了获得最大力量，为了获得珍美的东西，为了达到摆脱道德教条的美德，你必须怎样小心地培养你自己？这里，我个人的经验可能是最坏的经验：我感到惊奇，居然要那么漫长的时间才认识到这个问题，并从经验中获得理解。只有我们全无价值的德国文化，它的"理想主义"，才可能在某种程度之内解释为什么在这方面，我是如此笨拙以至于我的无知几近神圣。

因为这种"文化"自始至终都要我们忽视现实事物，怂恿我们一门心思去追逐那些值得怀疑的理想目标，还美其名曰"古典文化"。这种做法，无非是想表明只要努力把"古典的"和"德国的"结合在一个概念，结合在古典文化之下，就创造了全新的东西！只要刻画一个"受过正统温软式教育"的莱比锡公民，你就感到这是可笑的！

我承认，一直到我长到很大的时候，我的食物，用道德名词来说，都是很坏的。厨师和其他基督徒同道人赞扬它是"无关个人的""无我的""利他的"。例如，莱比锡的烹调和我最初对叔本华的研究（1865），使我扬弃我的"生活意志"。如果要成为营养不良者，并弄坏一个人健全的胃，我觉得上述的烹调就可以达到这个目的。据说1866年，这部分有一些变化。至于德国的一般烹调，其中有：十六世纪威尼斯食谱上的餐前汤；把味道煮掉的肉；与脂肪和面粉一起煮的蔬菜；面点变质为坚硬的面块儿！

此外，古人在正餐后全然食肉的习惯，不但古代德国人如此，现代德国人也是如此，现在你可以了解德国人智能的来源所在，一种有病的肠道。德国人的智能是消化不良的；它不能消化任何东西。但是，即使是英国饮食，虽与德国和法国饮食不同，我觉得它是一种"回归自然"，回归野蛮状态，然而这种饮食基本上与我的本性不适合。

最好的烹调，是皮埃蒙特①的烹调。我不会喝酒：一天只要喝上一杯葡萄酒或啤酒，我的生活就变得乱七八糟。住在慕尼黑的人，正与我相反。虽然我到很晚的时候才了解这一点，但是，小孩子的时候，我就已经体验到它了。当我还是小孩子时，我就相信，饮酒和吸烟最初还只是年轻人的浪费，最后简直就是坏习惯了。部分原因在于伦堡地方的酒，让我有这种苛刻的看法——相信酒使人兴奋，我应该

---

① 皮埃蒙特，意大利北部的一个省，其首府为都灵。

早就是一个基督徒！换言之，我应该早就相信我所认为荒谬的东西。很奇怪，少量清淡的酒使我沮丧，而大量的酒却使我的行动几乎像离岸的水手一样。

甚至当我还是小孩子时，我就在这方面表现出虚张声势的勇气。要在一个晚上撰作并抄写一篇长长的拉丁论文，奢望与我所模仿的对象塞勒斯特较量一下谁的文笔更严谨、更简洁，甚至会撒一点强烈酒精的香汁在作业上。当我在普夫达高等学校就读时，这种做法完全不适合我的生理状况，或许也不适合萨鲁斯特①的生理状况，即使它可能非常适合高贵的人。后来，到了中年时期，我变得更不能喝酒：在经验上说，作为一个反素食主义者，我不能以充分的热情来劝告一切比较灵性的人绝对戒酒。水，可以满足同一个目的，从我的道德中，获得更多的忠告。

一餐吃得很多要比吃得不够更容易消化一点，消化良好的第一个条件是要整个胃部都发挥作用。因此，一个人应该知道他的胃有多大。在餐与餐之间，不要喝咖啡，因为咖啡使一个人沮丧，闷闷不乐。茶也只有在早晨才可以喝，少量，但要非常浓。如果太淡了，可

---

① 萨鲁斯特（前86—前34），罗马历史学家。

能对身体很有害，会使你整天抑郁不快。这里，每个人都有他自己的标准，不过可能的变化范围总是不太大。如果气候使人感到疲乏，那么早上也不要喝茶：最好在一小时以前，去喝一杯浓且去油脂的可可。不要老是坐着不动；不要相信任何不是产生于户外空旷之地的思想，不要相信任何不是随着身体自由活动而来的思想，也不要相信任何不能鼓舞你筋骨活动的思想。一切偏执都可能是起于内脏。像我早已在别的地方所说过的一样，常常坐着不动的生活，是真正违反圣灵的一种罪恶。

二

营养问题与气候和地点问题密切相关。没有人能够随地生活：凡是一个需要完成伟大事业而这伟大事业又需要他全部精力的人，在这方面，没有多少选择余地。气候对迟缓或加速身体机能活动的影响很大，以致在地点和气候选择方面的任何差错，不但使人不能完成他的职责，而且还可能完全阻止他从事这个职责，因而永远不能面对它。于是在他的身上，就永远没有足够的动物元气，可以使他获得欢欣的自由，以致可以对自己说：只有我才能做这个。

内脏上稍稍一点麻痹，一旦恢复正常以后，就足以把一个天才变成平庸人物，变成"德国式"人物：德国的气候足以使最强壮健全的内脏变得衰弱。精神步伐的轻快或缓慢，密切地依赖着身体机能活动的速度：的确，精神本身只是这些身体机能活动的一种形式。我们可以举出好些大智者曾经住过或现在正居住的地方。在这些地方，机智、聪明是构成快乐的一部分；在这些地方，天才必然是舒适惬意的；所有这些地方，通常都气候干燥。巴黎、普罗旺斯①、佛罗伦萨、耶路撒冷、雅典等，这些地方证明一个事实：天才都依赖干燥的气候和晴朗的天空。

　　换句话说，天才都是有赖于快速的机能活动，都有赖于一种持续不断为自己获得大量精力的可能。我知道一个例子，有一个具有伟大而独立心智的人，只是由于不适宜的气候，使他变成一个狭隘的专家和畸形人。如果不是疾病迫使我诉诸理性并切实思考理性，我自己也很可能得到同样的结果。现在，长久的实地经验告诉我，如何从自我观察中去认识气候和气象的影响力，就好像借助精确可靠的仪器去认识一样。因此，即便是从都灵到米兰这一段短短的旅程，我也可以用这种心理上的自我观察推测出空气湿度的变化。

————————————

① 法国东南部的一个地区。

　　所以，我惶恐地想到一个可怕的事实，就是我一生直到最近十年、最危险的十年，总是在那些不适合我的地方度过。我早就应该离开那些地方的。像瑙姆堡、舒尔普夫达、图林根①、莱比锡、巴塞尔、威尼斯，这些地方都不适合我的体质。如果在我的童年和少年时期，没有留下一点令人愉快的回忆，而以所谓"道德上"的原因，例如，用缺乏充分的友谊，来解释这一点的话，那是愚蠢的看法：因为直到今日我还是像过去一样缺乏这种友谊，可是并没有给我不愉快的感觉。

　　我生命中真正的不幸，我生命中多余而愚钝的因素，是对生理状况的无知，那种让人讨厌的"理想主义"，从这个"理想主义"中产生不出好的东西来，它不能带来任何解决与报偿。它所带来的结果，解释了一切错误，解释了很多迷失的本性，也解释了那些使我离开毕生事业的"谦卑专门化"，例如解释为什么我成了一位语言学家，为什么没有一个医生或其他什么东西可以使我有所了解呢？

　　当我住在巴塞尔的时候，我整个心智和习惯，包括我每天的时间表：对我而言，可以说是我非凡力量的一种毫无意义的浪费，对于

①　图林根，德国的一个邦。

我所消耗的力量，没有任何报偿，甚至没有想到它的耗尽和替换的问题。过去我缺乏那种由必要的本能所产生的保护作用，我缺乏那种敏锐的自负：我把所有的人都看成与我同等的人，我是"无私的"，我忘记了我与别人之间的距离。总之，我是处在一种决不能宽恕自己的境况中。过去当我几乎到达终点，只是因为我几乎到达它时，我开始反省我一生中的根本荒谬——"理想主义"。疾病开始使我接近理性。

三

营养的选择，气候和地点的选择：在任何理由下都不能有错的第三件事，是关于复原或消遣方法。对我而言，一般阅读是我用以复原的一个方法：它是构成使我逃避自己的东西的一部分，是使我漫游于新奇科学和新奇心灵世界的东西的一部分，它是我现在不再关心的东西的一部分。当我埋首工作时，在我的四周是看不到书本的：我小心地不让任何人在我面前说话甚至思考。因为，那样就等于在阅读。

有人注意到下述事实吗？

当饱满状态表示心灵尤其是整个有机体不适于这种深刻紧张时，偶然事件和各种外来刺激作用得太过有力、透入得太过深切。一个人必须尽可能远离偶然事件和外来刺激。自我壁垒是精神饱满最初的一种谨慎本能。要我容许一种陌生的思想秘密地爬过墙头吗？因为那正是阅读所指的意义，随着工作和创作时期而来的就是复原时期。

对我而言，一些令人愉快的、聪明的、智慧的书，就是我借以复原的东西，应该是一本德国书吗？我必须回到六个月之前，以我手头上的一本书，来了解自己。它是一本什么样的书呢？它出自维克多·布罗查德一项杰出的研究。读这本书时，我从前的一项研究①对我有很大的帮助。这些怀疑主义者，那两面的，不，多面的人，是哲学家中唯一可贵的人。在其他情况下，我差不多总是阅读少数几本同样性质的书，非常适合我需要的几本书以自娱。

也许我的天性不喜欢多读书，书房会使我生病。我的天性也不喜爱很多东西或很多不同种类的东西。怀疑，甚至敌视新书，比"容忍""心地宽大"及其他各种"友爱"更接近我的本性。因此，我一再重读少数几个法国作家的著作：我只相信法国文化，认为欧洲其他自称为文化的东西，只是纯粹的误解。更不必说德国的东西了。在德国，我所遇到的少数较高文化的事例，都源于法国，尤其是瓦格纳夫

---

① 这里是指尼采于二十三岁时所写的一篇得奖论文。——英译者注

人，这位夫人在风格品评方面，是最杰出的一个人。

虽然我不读帕斯卡的著作，但实际上，我是喜爱帕斯卡的，他是最能发人深省的基督教的牺牲品。他慢慢地扼杀自己，依照一种最可怕的非人的残忍方式，首先在肉体方面扼杀自己，然后在精神方面扼杀自己。即使我的内心具有某些蒙田式的怨恨，谁知道呢？也许在我的肉体中也有。即使我的艺术欣赏力并非没有困难地维护像莫里哀、高乃依①、拉辛这些人以对抗像莎士比亚那样狂放的天才。但是，所有这些并没有使我不把现代法国人也看作可爱的友伴。

在历史上，我不能想象任何一个世纪，能够像今天的巴黎一样，可以找到这么多让你很想知道、也很精明地洞悉人类心理的天才在一起。我可以随便举出一些名字出来，他们实在太多，例如布尔热②、洛蒂③、吉普、美拉克④、法朗士⑤、勒梅特尔⑥；或者选出一个最出色的人，一个真正的拉丁人，我特别喜欢的莫泊桑。

---

① 高乃依（1606—1684），法国戏剧家。

② 保尔·布尔热（1852—1935），法国批评家和小说家。

③ 比埃尔·洛蒂（1850—1923），法国小说家，著有《冰岛渔夫》等。

④ 美拉克（1831—1897），法国戏剧家。

⑤ 阿纳托尔·法朗士（1844—1924），法国批评家、小说家和讽刺文学家。

⑥ 朱尔·勒梅特尔（1853—1914），法国批评家。

在我们自己人当中，我对这一代的人甚至比对那些大师更倾心，因为这些大师都被德国哲学腐化了。例如，泰纳被黑格尔哲学腐化了，泰纳对伟大人物和伟大时代的误解，就是由于黑格尔哲学造成的。只要德国所到之处，他就腐蚀了文化。战争①第一次"拯救了"法国精神，司汤达是我生命中一件令人愉快的意外事件。因为，在我生命中每一个重大的事件，都是意外的，而不是有意安排的。

司汤达是很了不起的，他具有一种能够预知人们心理的眼光。他对事实的把握，使人想起那些最善于把握事实的人。最后，但不是不重要的，他是诚实的无神论者，一个在法国历史上少有而难得发现的典型无神论者，梅里美②引为最大的光荣……也许，我会嫉妒司汤达？

我曾经说过一句最好的关于无神论的笑话，这句笑话是所有人类未曾说过的，可是司汤达的话，使我的笑话逊色了，他说："上帝唯一的理由是他不存在。"我自己曾经在某处说过，向来对生命的最大敌人是什么？是上帝。

---

① 指拿破仑战争。

② 梅里美（1803—1870），法国小说家兼历史学家，著有《卡门》。

四

海涅使我获得抒情诗人的最高概念。在所有时代中，我都没有找到像他那种悦耳热情的音乐。他具有一种神奇的狂野魔力，没有这种魔力，我简直不能想象美是什么东西。当我判断某些人，某些种族的价值时，我是根据他们的需要，想象出萨蒂尔①这个半人半兽性质的神的。他是多么巧妙地对付德国人！总有一天，人们会宣称海涅和我是德语世界里最伟大的艺术家；我们远远超越纯粹德国人用这种语言所能成就的一切。

人们一定会把我与拜伦的《曼弗雷德》密切地关联在一起。在我自己的心灵里，我曾发现他所有最内在的东西。我十三岁的时候，就已成熟得可以阅读这本书了。文字误我，我只是偶尔轻视那些胆敢在《曼弗雷德》之前提到《浮士德》的人。德国人不能获得一种伟大的概念。试看舒曼就知道了：由于对这位撒克逊人表示愤怒，我作了一

---

① 萨蒂尔，古代希腊人庆祝酒神节时，在狂歌热舞中出现的一种人神。尼采认为此乃希腊悲剧的象征，而希腊悲剧就是使希腊人从悲观厌世中解脱出来，重新肯定人生世界的主要力量。

篇相反的《曼弗雷德》序曲。汉斯·冯·毕洛夫[1]说他从来没有见过与这个序曲相类似的东西：这完全是亵渎音乐女神。我要为对莎士比亚的看法找寻最高的公式时，我始终发现下述一点，就是他想象出西泽这个典型。

一个人不能想出这些东西，他要么就是这东西，要么就不是这东西。伟大的诗人只从他自己的经验中发掘，这种情形达到了某种程度，以致后来他不能再忍受他自己的作品。在看了看我的《查拉图斯特拉如是说》之后，我在房间里来回地走了半个小时，不能控制一阵无法忍受的情绪，唏嘘不已。现在我不知道有比阅读莎士比亚作品更为令人伤心的：他是多么需要扮演小丑，他一定好难受。

哈姆雷特被了解吗？驱使一个人疯狂的不是疑惑而是确定。但是要觉察到这点，一个人必须是深奥的，必须是一位哲学家，我们都惧怕真理。说实话，我直觉地感到，培根是这种语不惊人死不休的写作的创始者和自苦者。对那些美国傻子和笨蛋的饶舌，我关心些什么呢？但是，在想象方面希求最伟大的实在主义力量，不能与行为方面希求最伟大实在主义的力量相比，不能与恐怖的东西相比，不能与罪

---

[1] 汉斯·冯·毕洛夫（1830—1894），德国指挥家。

恶相比。实际上，它要先假定后者的存在。

我们对培根，所知的不够多，他是第一个实在主义者。因此，我们无法确知他所做的任何事，他所希望的任何东西，以及他自己经历的任何东西。批评家下地狱去吧，假定我不是以我自己的名字命名我的《查拉图斯特拉如是说》，而是以瓦格纳的名字，那么，两千年来的见闻觉知不足以看出《人性的，太人性的》一书的作者，就是《查拉图斯特拉如是说》的幻影。

五

说到我生命力的复原，我必须对供给我最大和最旺盛刺激的人，表示几句感谢的话。这是指我与瓦格纳的密切关系。我很轻易地忽视我与其他人的关系；但是，如果我生命中失去那些在德累斯顿①的日子，那将是无比的牺牲，那些充满信心、愉快、光辉和奥妙时刻的日子。我不知道别人曾把瓦格纳看成什么人，但是，没有乌云遮盖过我们的天空。这点再把我带回到法国，我与瓦格纳的崇拜者没有发生什

---

① 此地乃瓦格纳的家乡。

么争论，这些瓦格纳的崇拜者由于相信他像他们自己一样而去赞扬瓦格纳：对这些人，我只表示我的轻蔑。

由于我的本性与一切条顿式的东西不兼容，以致只要有德国人出现的地方，就会阻碍延迟我的消化，所以，我与瓦格纳的最初接触，也是我生命史上能够自由呼吸的时刻。我受他的影响，我尊敬他，我把他当作一个与德国人不同的人，我把他当作一个与"德国式美德"相反，并反抗"德国式美德"的人。我们这些呼吸五十年代潮湿空气的儿女，对"德国的"这个观念，必然都是悲观主义者。我们不得不成为革命的人，我们不能赞同一个虚伪者当道的环境。这个虚伪者今天是否以不同的方式行动，是否披上猩红的服装或穿上骠骑兵的制服，我觉得这是无关重要的。

瓦格纳也是一位很优秀的革命人物，他摆脱了那些德国人。除了巴黎以外，欧洲其他地方，没有这位艺术家生存的余地。那种作为瓦格纳艺术条件的所有五官的聪敏，对差异性的敏感，对心理病态的敏感，这些都只能在巴黎才可以发现。别的地方，都没有这种对形式问题的爱好，对周围状况的重视，而这种重视是突出的巴黎式的重视。

在德国，一个人根本没有巴黎艺术家心灵中那种伟大的野心。德国人是温顺的。瓦格纳以往一点也不温顺。但是，关于瓦格纳所带来东西的问题（见《善恶的彼岸》中第269号警句）以及与瓦格纳关系最密切的人，我早已说得够多了。他是一个法国后期浪漫主义人物，像德拉克罗瓦①和柏辽兹一样，那些趾高气扬而志向远大的艺术家，都是病弱而无可救治的。

他们都是表现的盲目崇信者，他们都是彻头彻尾的匠人。谁是第一个有才智的瓦格纳追随者？是波德莱尔②，这个人也是第一个了解德拉克罗瓦的人，那位典型的颓废者，这一代的艺术家都在他身上发现了他们自己的影子——也许他是他们当中最后的一个人……为什么我从来没有宽恕过瓦格纳？因为他降格跟从德国人，因为他变成了一个德国的帝国主义者，德国所及之处，他就腐化了文化。

六

当我考虑所有事物之后，我发现如果没有瓦格纳的音乐，那么在我的少年时期之后，就绝不能继续活下去，因为我似乎注定不适于生活在德国社会中。如果一个人想要摆脱一种无法忍受的抑郁感，他可能要吸食大麻。那么，过去我沉溺于瓦格纳音乐中。瓦格纳是一种与

---

① 德拉克罗瓦（1798—1863），法国画家。
② 夏尔·波德莱尔（1821—1867），法国诗人及散文家，著有诗集《恶之花》等。

一切德国人的东西相反的毒药，他是一种毒药，这一点我无法否认。自从《特里斯坦》①被改写得适于钢琴演奏时，我就是一个瓦格纳的崇拜者。

我认为瓦格纳以前的作品都不值得我重视，它们都太普遍了，太"德国式"了。但是，一直到今天，我还在寻找一件在可怕的魔力方面，在可怕但可爱的无限潜能方面能与《特里斯坦》相匹敌的作品。在一切艺术当中，我都没有找到。与《特里斯坦》的第一个音符比起来，所有达·芬奇的杰作，都失去了可爱之处。这篇作品毫无疑问是瓦格纳的登峰造极之作：《纽伦堡的名歌手》和《尼伯龙根之歌》这两篇作品，对他而言，只能说是消遣之作。

变得更为健康，这对像瓦格纳那样的本性而言，是往后退了一步。为了要成熟得可以接受这个作品，我认为活在适当时间以及活在德国人当中，是最大的幸运：心理学家的好奇心，非常强烈地在我心中活动着。对一个从来没有不健康以致足以应付这种"地狱靡靡"之辈而言，世间一定是一个恐怖的东西。在这里，一个人可能甚至用上一种神秘的公式。我想，我对瓦格纳所能创造的令人惊叹的事物，比

---

① 《特里斯坦》，全名为《特里斯坦与伊索尔德》，此为瓦格纳于1859年所作，而于1865年首次演出的一个歌剧名称。

任何一个人都知道得更清楚，我对那些只有瓦格纳才能达到的奇妙狂喜，比任何一个人了解得更清楚。同时，现在我的力量足以使那些最可疑危险的东西转变为有利于我的东西，因而我变得更为有力，所以，我把瓦格纳看作我生命中最大的恩人。

我们两人都遭受过，甚至透过彼此的手而遭受过比这个世纪大多数人所能忍受的更大苦闷，这个事实乃是把我们两人结合在一起的联系物：而这个联系物将永远把我们两人的名字连在一起。因为，正如瓦格纳只是德国人当中的一个误解一样，我也是如此，并且将永远如此。我亲爱的同胞们，你们必须先具有两世纪的心理和艺术的熏陶……但是，你们永远不能将时钟的针拨回来。

七

关于我对音乐所真正需要的，我要对我读者中最特殊的读者说一句简单的话。像一个十月的下午一样，它令人愉快，但也深奥，它将独一无二、放任、温和，同时也像一个淘气优雅的娇美可爱的女人。我永远不会承认，德国人会懂得音乐是什么。那些被称为德国最伟大的音乐家，都是外国人，包括斯拉夫人、意大利人、荷兰人或犹太人。或者说：像海因里希·许茨、巴赫及亨德尔这些人，他们都是属于坚强一类的德国人，这种人现在已经没有了，只要把肖邦的才能给我，我自己身上就有足够的波兰气质，以产生其他各种音乐。

基于三个理由，我要把瓦格纳的"齐格弗里德"①除外，也许，也把李斯特的某些作品除外，在管弦曲的壮丽音符方面，他胜过所有其他音乐家。最后，我要把从阿尔卑斯山那边产生的所有作品除外，也就是阿尔卑斯山的这一边②。我不知道如何除去罗西尼，我更不知道如何除去我在音乐方面的南方对手，我的威尼斯音乐大师彼得·加斯特。而当我说阿尔卑斯山那一边的时候，我真正所指的只是威尼斯。要想为音乐再说些话，我必然会回到威尼斯。我不知道如何区别眼泪与音乐。如果没有一种恐惧的战栗，我不知如何想到喜悦或南方。

> 我伫立在桥上，
>
> 后来，却在黑夜中。

---

① 齐格弗里德，原为德国传说中的英雄，此处是指瓦格纳所著歌剧《尼伯龙根之歌》中的主人翁，他获得尼伯龙根的宝藏：戒指、魔剑以及可以穿戴的隐形衣帽。

② 站在德国方面说，应说阿尔卑斯山的那一边，可是尼采在写作这本书的时候住在意大利，其实，尼采有很长时期是住在意大利，所以从尼采当时的处所，应该说阿尔卑斯山的这一边。

从远处传来歌唱的声音；

在优美的涓滴中逝去。

越过灿烂的边际。

狭长的平底小船、灯火、音乐沉醉，

天鹅在远处的黑暗中……

我的灵魂，一个弦乐器，

在幽暗中移动，

偷偷地唱一支平底小船之歌，

在光辉的快乐中闪耀。

曾有人倾听吗？

八

在所有这些事物中，选择食物、地点、气候和娱乐，自我保存的本能最占优势，这种自我保存的本能以自卫本能的方式明显地表露出来。限制一个人听觉和视觉范围，把一个人自己孤立于许多事物以外，这是初步的自虑谨慎，这是表示一个人并不是偶然的东西，而是必然的东西的初步证明，表示这种自卫本能的一个惯用字是"鉴识力"。不但当"是"这个字表示出"不偏颇"的地方，我们不要说

"不"字，而且要尽可能不说"不"字。

一个人必须摆脱一切使他重复说"不"的东西。理由如下：一切抵抗力的消耗，不管有多么稀少，只要变为规则，形成习惯，总是含有大量、绝对过多的损失。我们体能的最大消耗，是由一点一滴少量消耗累积而成的。保持自己不动，跟许多东西保持距离，是一种体能消耗，而且是一个纯粹趋向消极目的的体能消耗。在这一点上不要欺骗自己！不断需要保护自己的人，可能大大地削弱体能以致不能再保护自己了。

假定我要走出我的房子，并且，离开这安静而高贵的都灵而找一个德国乡镇，我的本能将要集中力量以对抗从这个世界而来，对它加以侵袭的一切东西。假定我发现一个德国城市，它是没有什么东西可以在其中生长的一种罪恶组织，但是，在那里，任何一件事，无论是好还是坏，都是外来的，如此一来，我就不需要变成一只刺猬吗①？但是，要拥有刺就等于消耗力量，这是一种双重的耗费，因为，如果我们愿意的话，我们能够除去它们而张开我们的双手。

另一种自虑谨慎和自卫方式，是尽可能少地做反应，使自己脱

---

① 这里是指叔本华一个有名的比喻，这个比喻把人比作豪猪，它们群居的倾向使它们聚集在一起，然而它们的刺又使它们分开。

离那种迫使一个人停止他的"自由"和创造力，而只变为一束反应的环境和处境。这种自虑谨慎和自卫方式的一个好典型，就是与书本接触。除了埋首于一大堆书籍中之外，实际上无所作为的学者，平庸的语言学家，一天可以打发两百本书，最后完全失去了为自己而思想的能力。如果没有书本在他的手上，他就根本不能思想。当他思想的时候，他是对一个刺激发生反应（一个他所读到的思想发出反应），最后，他所做的一切都是反应。

学者把他所有的能力都放在肯定、否定或批判早被想出来的东西上，他自己不再思想了，他本身的自卫本能消灭了，否则他会对书本有所排斥。因此，学者是一个衰颓者。在我三十岁的时候，我发现我具有天赋的、秉性良好的以及自由的那种本质，早已"读得粉碎"了，只有火柴在它们能够除去任何火花，或"思想"之前，才需要划亮。当一个人的力量正在充沛而方兴未艾的时候，曙光时读书，简直是罪恶！

九

现在，我再不能不对下述问题做直接回答了，即一个人如何成为他现在的情形。这里，我接触到自我保存技术的关键所在了——自利。如果我们假定，一个人的毕生事业，一个人毕生事业的决定与命运，多少有几分超越一般标准，那么，就没有东西比面对一个人的自我和这个毕生事业更为危险的东西。一个人成为他现在的情形这个事实，须先假定他对他现在的情形没有一点怀疑。

从这个观点来看，纵使一个人生命中的差错，纵使暂时的偏差和失误，纵使浪费在那些远离中心目标的工作上的犹豫、懦怯和热诚，也都有其独一无二的意义和价值。在这些东西里面，可能有产生伟大智慧、最高智慧的机会，在那些所谓"反求诸己"，走向毁灭的环境中，自我忘却、误解、蔑视、自我的狭隘化和平庸化等，就等于理性的本身。用道德上的名词来说：爱一个人的邻居以及为他人和其他东西而活，可能是保持自我中心主义的一种手段。

这是特殊情形，在这种情形下，与我向来的习惯和信念相反，我是站在"无我"倾向一边的。因为，在这里，这些倾向是有助于自利和自制的。整个意识的表面，必须除去任何重大的强制性，甚至要当心每一个显著的词句，要当心每一个显著的行动：它们都导向一个危险的可能性，那就是说本能也许会太快地"了解自己"。同时，因为构成"观念"注定要胜过其他东西，所以在内心不断增长，它开始发生支配作用，它慢慢地使你从谬误中回转过来，它促成一个人的各种性质和能力。而这些性质和能力有一天将成为你整个事业中不可缺少的东西，在主要事业，"目的""志向"和"意义"方面，透露一点消息以前，它会慢慢地培养一切有用的能力。

从这个角度看去，我的一生简直就像惊涛骇浪。为了重新评估各种价值，也许需要比一般人具有更多的才能：尤其需要那些现在还不一定互相矛盾和破坏的对立才能。各种能力中的等级次序、距离感、不产生敌对的分隔技术、不混杂任何东西、不调和任何东西、种类繁多但不混乱，所有这些都是我本能的最初情形，是我本能的长时期秘密作用和技巧。

它的保卫性表现得非常强烈，以致在任何时候对我内心所成长的东西，我都没有获得任何暗示，直到我所有的能力突然间都达到成熟阶段，在某一天完全爆发出来为止。我想不起我曾经耗费心力的任何事例，在我的生命中，没有任何斗争的迹象：我是一个与英雄气质相反的人。像"忌欲"某些东西，"追求"某些东西，心中存有"目的"或"欲望"，在我的经验中，我毫不知道这些东西。在这个时候，我展望我的未来，就像在平静的海上一样：没有任何期望扰乱它的宁静。

我一点也不期望任何东西会与它现在的状况有所不同：我不希望自己有所不同……我总是一样。我从来没有任何欲望。我是这样的一个人，在他活了四十四岁以后，竟然能够说，他从来没有为荣誉、女人或金钱烦心过。我并不需要这些东西。就是在这种情形之下，有一天，我成为一个大学教授，这种念头过去从来没有进入我的脑海中，因为那时我还不到二十四岁。两年以前，有一天，在同样情形下，我变成了一个语言学家，我之所以成为语言学家，是因为我的老师里奇尔要我把我的头一本语言学著作①在他主办的杂志上发表。

里奇尔，我是带着非常崇敬的心情提及这个名字的，他是我曾经认识过的人当中，唯一具有天才的学者。他拥有我们图林根人所特有的，甚至让德国人都同情的那种引人注意的癖性，甚至达到那种我们喜用迂回方式所达到的真理。人们不要把这些话误解为具有任何反对之意，像我图林根的同乡，那有智慧的兰克②一样……

人们会问我，为什么我竟会叙述这些微不足道的小事，或者根据通常的标准来说，为什么我竟会叙述这些不重要的细节。尤其是如果我命中注定要承担伟大事业，那么这样做，我像在损害自己。我的回答是，这些微不足道的细节，饮食、地点、气候、娱乐，所有自爱的辩解，比人们向来认为根本的一切东西，更为重要。就在这一点上，我们必须重新开始学习。其实，人们此前热心重视的东西，甚至

---

① 这里是指《莱茵博物馆》。——英译者注
② 列奥波特·冯·兰克（1795—1886）德国历史学家，莱比锡大学毕业，早年钻研神学、语言学，后来以罗马、日耳曼诸民族的历史著作享誉学术界。

都不是实际的东西。它们只是幻想，它们都来自不健全本能的谎言，它们都来自有害本能的谎言，包括"上帝""灵魂""美德""罪恶""来世""真理""永恒生命"等概念。

人们奢望在这些概念中寻求人性的伟大，寻求人性的"神性"，所有政治问题、所有社会秩序问题、所有教育问题，都彻头彻尾地变虚假了，因为最有害的人们被视为最伟大的人们，也因为人们被要求去轻视这些"细节"，去轻视这些生活的基本需求。现在，如果我把我自己与那些向来被视为人类中第一等的人比较一下，其间的区别就很明显了。

我不认为这些所谓"第一等"人是真正的人类，对我而言，他们是人类的渣滓，他们是疾病和怨恨本能的产物——他们都是些怪物，他们彻底腐化，根本无药可救，仇视生命。我是与他们完全相反的。对任何健全本能的迹象非常敏感，是我的特权。在我的身上，没有一点病象，即使我时常患着严重的疾病，但是我从来没有变成病态的，在我的本性中，你找不到一点狂热的痕迹。

在我生命中的任何一个时刻，没有人能够指出我曾采取过傲慢或悲伤的态度。悲伤态度不属于伟大，一个需要采取一种态度的人是虚假的。小心所有装模作样的人，当生活需要我付出最大的努力时，我觉得它是最容易的。凡是在这个秋天的七十天中，能看到我的人，在我身上都看不到一点紧张的痕迹，相反，只有旺盛的生命力和愉快，因为在这七十天中，我怀着一种对后世的责任感，毫无间断地完成了很多伟大的工作。

在我之前，没有人曾经做过这么多工作，在我之后，也不会有人做这么多工作。我从来没有比现在这样更能享受过我的饮食，也从来没有比现在睡得更好。我不知道除了以游戏方式处理伟大事业以外，还有什么更好的方式：就作为一个伟大的象征而言，这是一个必要的先决条件。最少的束缚，郁闷的样子，语气方面任何冷酷的声音，所有这些东西都不适于一个人，更不适于他的工作！

我们的神经不要紧张，即使感受孤独之苦也是一种妨碍。我经常苦恼的唯一东西是"繁杂"，也就是我心灵的变化无穷。在我柔弱的七岁时，我早已知道，人类的任何言语都不会影响我。因此，曾经有人看见我快快不乐吗？今天，我还是对一切人都同样殷勤，甚至充满了对最卑下者的顾虑。尽管如此，却没有一点傲慢或轻视的意味。

我一生都在气恼那些在血管中具有卑劣血液的人。我认为人类所具有的伟大是对命运的爱，一个人无论在未来还是过去永远都不应该希望改变任何东西。他不但必须忍受必然性，并且他没有任何理由去隐瞒它！在面对必然性时，所有的理想主义都是虚假的，但他必须去爱它。

一 ➡ 为什么我会写出如此优秀的书

一

　　我个人是一回事，而我的著作则是另外一回事。这里，在我还没有说到这些著作本身以前，我先要接触一下这些著作所受到的了解和误解问题。我只是以应有的周详态度来从事这项工作，了解这个问题的时间根本还没有到来。我的时代也还没有到来，有些人是出生得太早了。总有一天，人们会觉得需要一种组织，他们将会像我所了解的一样，在这个组织中生活和教育，也许那天会有人捐赠一个讲座来解释《查拉图斯特拉如是说》。

　　但是，希望在今天就发现有人接受我所宣扬的真理，那将是彻底的自我矛盾。今天没有人听从我，没有人知道如何接受我要提出的东西，这个事实不但是可以理解的，而且也是非常恰当的。我不希望被别人误解，因此，我必须不误解我自己。让我再说一遍，在我的一生中，我只能指出很少恶意的事例，至于文字上的恶意，我几乎举不出一个例子。在另一方面，我却碰到过太多纯粹的愚昧！

　　我觉得，接受我著作中的一本书，那是一个人所能给予他自己的一种最高荣誉。有一次，施泰因博士坦白地埋怨说，他对我的《查拉图斯特拉如是说》一书，一个字也不了解。我对他说，这正是应有的现象，能够了解那本书中的六句话，也就是说，在生命中体验它们，会把一个人提升到一个比"现代人"在人类中所达到的更高境界。有了这种距离感，我怎么能希望我的著作让我所了解的"现代人"去读呢？我的胜利和叔本华的刚刚相反。

我并不是要反对那种经常从纯朴中所得到的快乐，虽然这种纯朴与我的著作相冲突。一直迟至去年夏天，正当我打算用我有力的文字去压倒他人时，有一位柏林大学教授，好意相劝，他说实际上我应该用别的方式，因为没有人会读那些东西。最后，是瑞士人而不是德国人，对我的作品做了两个解释说明。

魏德曼博士在一本名为《联邦》的杂志上，发表了一篇讨论《善恶的彼岸》的文章，标题为《尼采的危险著作》；另外一篇文章是卡尔·施皮泰勒写的，也是发表于《联邦》杂志上，这篇文章对我所有的著作，做了一般性的说明。这两篇文章在我一生中具有最不寻常的意义。例如，后者把我的《查拉图斯特拉如是说》当作"在风格上一种前进的尝试"，并表示一个希望，希望我以后还能产生一种令人满意的思想；魏德曼博士表示他尊重我在著作中所表现的对一切合理感情加以否定的勇气。

因为稍许神奇一点的手法，这些批评文章的每一句话，其严谨性不得不令我钦佩，但是我觉得都是颠倒事实。事实上，似乎一个人所要做的一切，是"对一切价值重新估价"。同时，以最明显的方式，把握我思想的要领而不是在我的中心思想外面敲击。因此，我是非常希望得到一种解释的。毕竟，没有人能够从事物，从书本中，获得比他早已知道的更多的东西。

一个人只能认识经验已经给他指出的得到印证的那些东西。让我们举一个极端的例子来看。假定一本书只谈到那些完全属于我们一般知识，甚至特殊知识领域之外的经验，假定它是许多全新经验的第一次表现，在这个情形下，它所包含的东西，根本就不会真正为我们所领会，同时，由于听觉上的欺瞒，人们会假定，如果在一个地方没有听到什么东西，就是根本没有什么东西可听。无论如何？这是我向来的经验，也表示了它的原创性。

自以为了解我著作中某些东西的人，其实只是根据他自己的想象，解释了其中某些东西，往往与我本来的意思恰恰相反，比方说，认为我是一个"理想主义者"；不了解我著作的人，根本就不予理睬。"超人"这个字是赋有很深刻意义的，它是指某一类型的人，这种人的出现将是一件最大的幸事，这种人与"现代人"、"善良人"、基督徒和其他虚无主义者相反，这个字在查拉图斯特拉口中，是指道德的破坏者。

可是，人们对这个字一无所知，现在人们所了解的，几乎到处都是指与查拉图斯特拉所断然抛弃的那些价值相当的东西，这种人被视为一个"理想"类型的人，被视为更高一类的人，被视为半为"圣者"半为"天才"的人。另外一些受过教育的畜生，由于这个字的缘故，竟然怀疑我是一个达尔文主义者，甚至有人认为我的学说是那个不自觉的大骗子卡莱尔的"英雄崇拜"思想，这种"崇拜"是我所厌弃的。

如果我向某个人暗示，他最好在凯撒·波尔查①而不要在《帕西法尔》中去发现超人的话，他可能不会相信他的耳朵。人们应该原谅我毫不惊奇于那些对我著作的批评，尤其是报纸的批评。我的朋友和出版者知道这一点，所以，从来没有向我说起这类事。在某个特别情形下，我曾经看到人们对我的一本书——《善恶的彼岸》所做的一切不该做的事。

关于这个，我可以告诉你们一个很有趣的故事。《国家报》——一家普鲁士报纸，竟然郑重其事地认为这本书是"时代的象征"，是普鲁士贵族主义②的一个榜样。——我提到这个，只是为了我的外国

---

① 凯撒·波尔查，宗教改革时，罗马天主教的教皇，他倾向于天主教革新，如果没有马丁·路德这个冒失鬼，天主教可能比改革的新教走向一个更好的方向。

② 普鲁士贵族主义，"容克"是指德国青年贵族，尤其指高傲偏狭的普鲁士贵族。

读者，抱歉地说，我自己只看《争辩》，而《十字报》^①没有足够的勇气来担当这个任务——这种看法可能吗？只有对德国人而言，这才是真实的。因为其他地方我到处都有读者，他们都是杰出的智者，都受过考验和磨炼，有高地位，有高职务。我甚至发现在我的读者当中有真正的天才。在维也纳，在圣彼得堡，在斯德哥尔摩，在哥本哈根，在巴黎和纽约，到处有人发现了我的价值；只有欧洲的一个地方除外，即德国。说实话，我更喜欢那些没有读过我书的人，我更喜欢那些甚至连我名字都没有听过，或者连哲学这个名词都没有听过的人。

但是，无论我到什么地方，比方说都灵吧，每个人一看到我，就会感到快乐和轻松。有一件最使我高兴的事，就是那些市场老妇，在没有为我挑选出她们最甜的葡萄之前，是不肯停手的。达到这种程度，一个人必定是一位哲学家。波兰人被称为斯拉夫民族中的法国人，这种看法，并不是没有道理的。

一个可爱的俄国贵妇，永远不会把我的血统弄错。在表现自负方面，我并没有成功，充其量只能表现一种困扰的样子。我可以用德文思考，也可以用德文感觉，我可以做大部分事情，但这方面却是在我

---

① 《十字报》，贵族党的机关报。

的能力范围之外，我的老师里奇尔甚至常常觉得，我像一个巴黎的小说家一样，思索我的语言学论文，使得它们带有过分的刺激性。

就在巴黎，人们也对"我们都胆大而心细"这句话感到惊奇。恐怕，即使用狂热诗歌的最高形式来表达，我的著作也将与那永远不会变为无趣，永远不会变为"德国式"的风味相适合，我是指机智。我不能做别的什么事。上帝助我，阿门。

我们都知道，我们有些人甚至从经验中得知，什么是"耳敏"。那么，好，我敢说，我的耳朵一点也不灵敏。这一点也不能使女人们产生兴趣，我觉得，她们以为我了解她们比较清楚。我是非常讨厌愚笨的人的，而仅由于这个理由，我是世界历史上的一个怪物，在希腊人的眼中，也只有在希腊人眼中，我才是反基督的。

二

我非常清楚作为一个作家的特权；在一两个地方，甚至我很明显地感觉到，经常阅读我的著作是如何深刻地破坏一个人的欣赏力的。其他的书简直使人不能忍受，尤其是哲学书籍，更是使人不能忍受。进入这个高贵而微妙的世界，是一个无可比拟的荣誉。要这样做的话，那个人必定不能是德国人。总之，这是那个人必定获得的荣誉。

但是，一个与我一样具有伟大意志的人，会体验到我书中真正悟性的狂喜。因为，我是从高处下来的，而这个高处高到连飞鸟也飞不上去，我知道那些人类足迹从未到过的深处。

有人告诉我，一旦开始读我的书，就没有办法放手，甚至会扰乱人们夜间的静寂。世界上没有比之更为使人愉快和精致的书。有时，它们会达到人类所能达到的最高峰。若要充分地保持它们，一个人必须具有最纤细的手指和最勇敢的拳头。任何精神上的衰弱都会毁坏它们，甚至任何一种消化不良症都会毁坏它们，一个人必须不能神经紧张。另外，他必须拥有一个愉快的腹部。

不但一个人心灵的贫乏和有限性会毁坏它们，而且在某种程度上，懦弱、不洁净和隐藏的怀恨也会毁坏它们。从我口里说出的一个字，足以使所有的邪恶本能表面化。在我所认识的人当中，有很多实验的对象，他们给我机会使我看到对我著作的一切不同反应。那些对我著作内容毫无所知的人，例如，我所讲的朋友们，完全都是没有独立意识的，他们祝贺我另一本书的出版，祝贺我在语气方面有更大的进步，这些彻底邪恶的、"美的灵魂"、彻头彻尾虚假的人，他们一点也不知道如何接受我的著作。

因此，他们咒骂我的著作不值得他们重视。在我认识的人当中，那些毫无价值的人，那些德国人，使我了解，他们并不经常同意我的意见，甚至有时候，我会听到他们对《查拉图斯特拉如是说》这本书也说过这种话。整个人类以及一个人内心的"女性特性"，也是接受我著作的一种障碍。由于这个障碍，没有人再会进入这个可怕的知识迷宫。

如果一个人要在这么多坚固的真理中，感受高兴而快乐的话，他就必须从来没有吝惜自己的体力，必须富有生气。在描写一个完美的读者时，我总想象他是一个具有勇气而好奇的怪物，也是一个柔顺、机灵而谨慎的怪物，一个天生的冒险家和发掘者。最后，在根本上我是对着什么人说话，正如《查拉图斯特拉如是说》一书所说，他是在向谁显示他的难题呢？

对你们这些勇敢的发掘者和试探者，并且，对那些曾经在轻巧帆布下航行于可怕海上的人们，对那些沉溺于不可解的谜语和朦胧之中的人们，他们的心灵被笛声诱到所有不可靠的深渊。

因为你们不想运用你们怯懦的手指，沿着一条线索去摸索你们的道路，只要你们能够猜测的地方，你们就讨厌论辩。

三

现在，我要对我在风格方面的技巧做一般的观察。用符号来表达一个状态，表达一种充满激情的内在紧张，包括这些符号的韵律，这就是一切风格的意义。因为，我的内心状态非常复杂，所以，我能够表现各种不同的风格。简而言之，我能够具有任何人所曾运用过的各种不同风格的技巧。任何风格，只要它真正表达一个人的内心状态，只要它在符号和符号的韵律或表情姿势方面没有失误的话，都是好的风格。

所有修辞都只是表情姿势的艺术。在这方面，我的本能没有错。所谓"好的风格本身"，这个字是没有意义的，只是一种理想主义，就像"美的本身"或"善的本身"或"事物的本身"一样。这种说法是假定世界里有能听的耳力，有能够产生和值得产生相似动情力的人们，有可以对之表达我们自我的人们。例如我的《查拉图斯特拉如是说》，还在寻找这样的一个人。呀！他还需要很长时间去寻找，一个人一定值得去认识他。

在那个时间来临之前，没有人了解我用在这本书上的技巧。没有人曾经有过更新的、原创的和故意创造的艺术形式。说这种东西在德语世界是可能的，这还需要加以证明，以往我自己完全抱着怀疑态度。在我以前，人们不知道用德语所能完成的东西，也就是不知如何用一般语言所能完成的东西。

壮丽伟大韵律的技巧，在表达方面的壮丽风格，表现优美和超过人类热情的伟大波动，这些都是第一次被我发现。借着《查拉图斯特拉如是说》第三部最后一节《七个印记》之歌，我飞翔在所有诗歌的千里之上。

四

我的著作显示出我是一个无可匹敌的心理学家，这个事实可能是一个优秀读者的第一个发现。那就是说，像我所尊重的一个读者那样，他读我的著作就像那些优秀的老语言学家惯于读贺拉兹①的作品一样。每个人都同意这些话，至于那些时髦的哲学家、道德学家和其他头脑空洞及头脑不好的人，就不必提了。

对我而言，只是一些简单的差错，例如，当"自我"只是一种"经过修饰的谎话"，一种"理想"时，所谓"利他主义"和"利己主义"，就是相反的信念。行动既不是利己的，也不是利他的，这两个概念都是心理上的胡说。或者"人类追求幸福"这句话，或者"幸福乃是德行的报酬"这句话，或者"快乐与痛苦都是相反的"这句话……

————————

① 贺拉兹，古罗马诗人。

道德，这个人类的巫婆，把一切属于心理上的东西彻头彻尾地虚伪化；它败坏了一切东西，甚至达到一种可怕的无聊，以致把爱当作"利他的"。

一个人必须坚定，必须用他的两条腿安全地站起来。否则，他根本就不能爱。其实，女孩们非常知道这一点：她们不在乎那些不自私的完全客观的人，可以容我提醒你们，我了解女人吗？那是我从狄俄尼索斯那里接受遗产的一部分？谁知道呢？也许我是第一位真正了解女性的心理学家。她们都喜欢我，那是古老的故事。当然，她们当中的畸形者，那些"被解放"者，不能生育儿女者除外。

所幸，我不愿让自己被撕得粉碎，当一个完美的女人爱你时，她会把你撕得粉碎，我知道这些可爱的狂妇。多么危险的、潜行的、卑陋的四蹄兽；同时又多么的令人舒适！一个倾向于仇怨的小女人将会毁坏命运女神。女人远比男人邪恶，也远比男人聪明。在一个女人身上，善良早是堕落的象征。

一切所谓"美的心灵"的渊源都是某些生理上的毛病。但是我不再说了，以免让人觉得我嘲弄医学。争取平等权利的奋斗的确是疾病的一种症候，所有的医生都知道这一点。一个女人愈是有女人味时，她就愈是猛烈对抗一般的权利。事物的自然秩序，两性之间的永久交战，给予了她最高的地位。

人们听过我关于爱的定义吗？这是唯一值得哲学家所下的定义。爱的方法都是交战；爱的基础是两性间不共戴天的怨恨。你们听过我对一个女人怎能被救治，怎能"被救赎"这个问题的回答吗？让她生一个孩子吧！女人需要孩子，男人往往只是工具：查拉图斯特拉如此说。

"女人的解放"，这是堕落的不怀孕的女人对健康者的本能怨恨，对男人的战争往往只是一个手段，一个借口，一种战术的运用。在她们往上爬到所谓"理想女人本身"，爬到"更高尚女人"，爬到"理想女人"的努力中，所有她们真正想做的，乃是降低女人的一般水平，而没有比大学教育、长裤和一人一票的投票权这些东西，更能达到这点的了。

根本上，被解放的女人都是"真正的女人"，世界的无政府主义者，都是怨恨本能根深蒂固的私生子。所有最恶毒的"理想主义"——这种理想主义，偶尔也表现在人们的身上，例如表现在易卜生所说的那种标准的老处女身上——其目的是毒害良知，毒害性爱中的自然因素。

为了使别人不怀疑我的意见——而在这方面我的意见既诚实又严肃——从我对抗邪恶的道德法典中，我要再告诉你们一条道德：我用"邪恶"这个字，对抗一切违反自然的行为。如果你们愿意用好听的字眼来表达的话，就是对抗一切理想主义。这条条文如下：

> 提倡贞洁是公开鼓动违反自然的行为。所有对性生活的轻
> 视，所有用"不纯洁"这个概念对性生活的玷污，都是违反生命
> 的重大罪行，都是违反生命圣灵的重大罪恶。

五

就作为一个心理学家而言，你们对我可能有所认识，我将从我
《善恶的彼岸》这本书中，把下述心理学上一段珍贵的分析抽写出
来。我可以说，在评述的时候，我不考虑这一段中所描写的个人。

"情感的天才，像那伟大神秘者所拥有的，这诱惑之神和天生
良心的陷阱，他的声音可以深入每个灵魂的深处，他不说一句话，也
不看一眼，由于他的完满，他知道如何出现，不是以他本来的面目出
现，而是以伪装的姿态出现，他以一种外加的束缚姿态，影响他的追
随者而使他们接近他，更热情而彻底地追随他。

"情感的天才，将沉默与注意力加到一切高傲的东西上面，使起
伏不定的人内心平静，让他们尝到一种新的希望，像镜子一样静静地
躺着，以致内在的天地可以从中反映出来。情感的天才，教笨拙而粗

鲁的人三思而行，并且更巧妙地把握事情。察觉在幽暗的厚冰下，隐藏和被遗忘的宝藏，它是探测黄金的竿子，探测长埋和禁锢在泥沼和沙子中黄金的竿子。

"情感的天才，由于接触它，每一个人都满载而去；不是被宠爱的，或惊奇的，不是因为别人的好东西，感到高兴和抑郁，而是他本身就富有，比以往更新颖，一阵和风把它吹开弄响；更为不定，也许更为精巧、脆弱、受伤，但充满了无以名之的希望，充满了新的意志和趋向，充满了新的恶意和反趋向。"

《悲剧的诞生》

一

如果合理评判《悲剧的诞生》（1872）一书，我们就必须忘掉某些东西。它的错误产生了一个重要的结果，也说明了它所包含的迷惑。我所说的错误是指我对于瓦格纳主义的看法，似乎把它当作一种向上趋势的象征。只有在这个理由之下，我这篇论文才能算是瓦格纳生命中的一件大事。从那个时候开始，他的名字一直与最大的希望连在一起。就《帕西法尔》而言，一直到今天，人们有时提醒我，责任主要是由我来负的，因为一般的看法，认为这个运动对文化是有很大的价值的。

我时常发现，人们引用这本书以作为"从音乐精神而产生的悲剧之再生"。他们只为瓦格纳的艺术、目标和使命寻求一个新的公式。因此，隐藏在这本书中的基本重要性，却完全被忽略了。对这本书而言，"希腊精神与悲观主义"可能是一个比较不含混的名称。因为用这个名称，可以表示出这本书的第一个目的，是表示希腊人如何成功地利用悲观主义，他们如何克服它。悲剧就是一个证据，证明希腊人并不是悲观主义者，在这里，和其他地方一样，叔本华是错误的。

老实说，《悲剧的诞生》一书，诞生的时间很不恰当。没有人会想到，它是在沃特战役中产生。我是在寒冷的九月晚间，于梅斯①的墙垣下，想出这些问题的，因为那时我正服军役，担任医院护理工作，但人们却会相信它是在五十年前写成的。这本书毫不牵涉政治，今天人们会说，这是"非德国式的"，却有着强烈的黑格尔气息。只有很少的话带有叔本华所特有的腐尸难闻的气味。

这里有个问题，狄俄尼索斯概念和阿波罗概念的对立，被转变为形而上学，把这个观念的展开当作历史本身。在悲剧之中，这个对立融合在一起，而成为一个更高的统一体。从这个观点来看，以往从未交错在一起的东西，现在突然间使它们面面相对了，结果它们彼此互相启发，互相解释了例如歌剧和革命。

在这本书中，有两个新颖的地方：

第一，认识希腊人当中的狄俄尼索斯现象，对这个现象第一次提出心理上的分析，把它当作一切希腊艺术的唯一基础。

第二，苏格拉底哲学的解释，苏格拉底第一次被认为是希腊没落

---

① 梅斯，法国东北部的一个城市。

的原因，也就是把他当作颓废形态的人。

理性与本能对立。把理性看作一种危险的、破坏生命基础的势力。全书的特色是对基督教表现出一种讳莫如深的敌意缄默。基督教既非阿波罗的，也非狄俄尼索斯的；它否定一切审美价值，否认《悲剧的诞生》一书所唯一承认的价值。从最深刻的意义上说，它是虚无主义的，可是在狄俄尼索斯的象征中，却达到了最大的肯定。在这本书中，只有一个地方提到基督教，说基督教的传教士是"恶毒的侏儒"，是"卑鄙的人"。

二

我这第一部作品，意义非凡，我曾对我最深刻的体验显示出历史上唯一的准确象征。因此，我是第一个认识奇妙的狄俄尼索斯现象的人。同时，把道德本身看作颓废的象征，是新颖的看法，也是文化史上一个独一无二的事件。我那双重性概念使我高过于那些对乐观主义和悲观主义空洞无聊的饶舌。

我是第一个看到下述对立现象的人——以卑鄙的报复欲望，基督教、叔本华哲学，在某种意义上说，甚至柏拉图哲学——整个典型的理念论，代表着面对生命的一种堕落本能和代表着旺盛生命力的最高生命肯定的对立。后者是一种毫无保留的肯定，对痛苦、罪恶以及人生一切可疑而陌生的东西的肯定，这种对生命最后的、最快乐的、兴旺的、欢腾的肯定，不但是一切本能中最高的本能，而且是最深刻的本能，这是一种为真理和科学所强烈确认和维护的本能。我们不必忽视什么，我们也不需要什么。

基督徒和其他虚无主义者所排斥的生存因素，从价值的层次上说，是无限地高于那些为颓废本能所赞扬的生存因素。要了解这一点，必须具有勇气及其主要条件，即具有旺盛的力量。因为只有在一个人的勇气和力量许可之下，他才能够接近真理。

知识与对现实的肯定，对强者的必然需要，正如怯懦从现实中退却，走向理想，对弱者的必然需要一样。后者是不能自由去从事"认知"的；颓废者是依赖谎话的；这是他们自我保护的一种方法。一个不但了解"狄俄尼索斯"这个形容词，而且也借此了解他自己的人，根本不必反驳柏拉图、基督教、叔本华。因为，他的鼻子就可以嗅出他们的腐败气味。

三

在《偶像的黄昏》中，最后，我讨论这些理论如何使我发现"悲剧"这个观念，即对悲剧的心理状态的确认。"对生命的肯定，甚至对它最奇妙、最困难问题的肯定；在其致力于追求最高形态的过程中，对生命力无穷无尽而感到欢欣的生命意志"。这就是我所说的狄俄尼索斯情态，这就是我所指的达到悲剧诗人心理状态的桥梁。"不要解除一个人的恐惧和不幸，不要扫除一个人的危险情绪（这是亚里士多德对它的误解），而是远超越不幸和恐惧，要作为对'变化'本身的永恒喜悦，那个含有对破坏之喜悦的喜悦"。

在这个意义上说，我有理由把自己当作第一位悲剧哲学家，也就是说，与悲观主义哲学家完全相反的哲学家。在我之前，没有人像我这样把狄俄尼索斯现象转变为哲学兴趣。以往，缺乏悲剧的智慧，即使在伟大的希腊哲学家——那些早于苏格拉底两世纪的哲学家中，我也找不到这种悲剧智慧的征象。

一般说起来，虽然在赫拉克里特斯面前，比在任何其他地方，都让我感到较为温暖和安适，然而，在这方面我还是怀疑他的。但是，肯定一切事物的流变和毁灭，即肯定任何狄俄尼索斯式哲学决定的因素；肯定矛盾与斗争，即肯定"变化"观念，甚至根本否认"存在"这个概念，这些东西使我认识了这位一直最接近我思想的人。

"永恒轮回"的理论，也就是一切事物绝对而永远循环的理论，这个查拉图斯特拉有力的理论，也是赫拉克里特斯所宣扬的理论。至少，斯多亚学派显示出这个理论的迹象，而斯多亚学派的基本观念，差不多都是从赫拉克里特斯学来的。

四

在《悲剧的诞生》中，我道出了一个伟大的希望。我绝对没有任何理由去否认未来的音乐会有狄俄尼索斯性质的可能。让我们期待一个世纪；让我们确认我攻击两千年来那种与自然对立及人类堕落的成功。那些新的肯定生命的人，由于他们把一切事业中最伟大的事业，人类地位的提高以及对一切堕落和寄生物的无情摧残，都掌握在他们的手里。所以，他们将在这个世界上重建生命的繁荣，而由于这种生命的繁荣，狄俄尼索斯情态必将重新来临。

所以，我预言，将会产生一个新的悲剧时代。当人类毫无痛苦感地意识到在他的背后有着许多最艰苦但也十分必要的战斗时，这种肯定生命的最高艺术即悲剧，就会重新产生。心理学家也许会加上一句话，说我早年在瓦格纳音乐中所听到的东西，实际上与瓦格纳毫无关系；说我在描写狄俄尼索斯式音乐的时候，只是描写我自己曾经所听到的东西；说我的本能使我借着我的热情而转变一切东西并使其高尚化。《在拜罗伊特的瓦格纳》这篇论文就是一个证明。

这个证明和其他证明一样，是强有力的，任何重要的心理描写，只是关涉我个人的！当书中提到瓦格纳名字的地方，你可以毫不犹豫地用我的名字或"查拉图斯特拉"这个名字来代替。狂热诗歌艺术家的全部情况，就是早已存在的《查拉图斯特拉如是说》作者的情况，带有无限深度，甚至接触到真正的瓦格纳。

瓦格纳本人对此所知甚少：在这篇论文中，他不认识他自己。同时，"拜罗伊特的观念"已经转变为某些东西，而这些东西对那些认识了解《查拉图斯特拉如是说》的人而言，将不是什么难以理解的问题了。也就是说，已经转变为那个"伟大巅峰"，这时候，最卓越的人就致力于一切事业中最伟大的事业了。

谁知道呢？也许，这是一个我还能活着去看到的赏心悦目的远景。开头几页，是一般的描写，在第105页①所讨论的情况，就是《查拉图斯特拉如是说》的实际情况。瓦格纳、拜罗伊特，这整个让人轻视、微不足道的德国人事件，是一个晦暗的事件，在这个事件上面，反映出未来无穷的海市蜃楼。

从心理学上论说，我自己具有的一切重要特征，都被描写为属于

①　这个页数和以后的页数，是指纽约麦克米伦出版有限公司出版的《尼采全集》中"超越理性的思想"第一部分的页数。——英译者注

瓦格纳的，最光辉而可怕的势力交错一起，那个还没有人拥有的权力意志，不顾一切的精神勇气，不使人行动能力相应减少的无限认识能力。

这篇论文中的一切东西都是预言的，预言希腊精神的行将复苏，预言反对亚历山大者的必然性，这些人将把希腊文化中已被砍断了的戈尔狄俄斯之结①重新联结起来。请倾听那世界历史性的声音吧，我凭借这个声音，在第180页上，介绍"悲剧感"这个概念。在这篇论文中，除了那世界历史性的声音以外，没有别的了。在第174页和第175页上，我以非常的信心，描写并预言《查拉图斯特拉如是说》的风格，而对《查拉图斯特拉如是说》所代表的结果，即人类伟大的净化和奉献，没有比第144页至第147页中所说的更伟大的表现。

①　戈尔狄俄斯之结，希腊神话中，弗吉尼亚王戈尔狄俄斯的难解之结，按神谕能解此结者，即为亚细亚王，后被亚历山大以剑砍断。

《不合时宜的思想》

一

在语气上，构成《不合时宜的思想》这部书的四篇论文，完全是具有战斗气味的。它们证明了我不是一个喜欢做梦而懒惰的人，证明了我能在战斗中找寻快乐，也许，同时也证明了我具有一种非常巧妙的手腕。

我第一个攻击的对象是德国文化（1873），即使在那个时候，我就对德国文化极其蔑视。这个文化是没有意义，没有内容，没有目的的，只是"大众的意见"。如果说德国在军事方面的伟大成功，证明了德国文化方面的优越性的话，那么就没有比这种看法更为有害的误解了，更不能说德国文化优于法国文化。

《不合时宜的思想》中的第二篇（1874），指出我们在科学探讨中危险而腐蚀生命和毒害生命的因素：由于这种非人的机械主义，由于工人的"非人格化"，由于错误的"分工"经济，生命成为病态的了。人类的目的，也就是文化，看不见了。作为达到文化手段的现代科学活动，产生了野蛮。在这篇文章中，我们这个世纪引以为傲的"历史的意义"头一次被当作是一种疾病，当作是一种典型的衰微象征。

在作为指向更高文化概念和重建文化观念之路标的第三篇和第四篇论文中，提出了两个最有力的自爱和自制情形，也就是两种在本质上非现代形态的人。这两个非现代形态的人，对于他们四周的一切东西，"帝国""文化""基督教""俾斯麦"和"成功"，满怀轻视之意，这两个人就是叔本华和瓦格纳，或者一言以蔽之——尼采。

二

在这四篇攻击批评的论文中，要以第一篇最为成功。从任何一方面看，它所引起的风暴，都是很大的。这里，我接触到一个盛气凌人的国家的弱点，我告诉这个国家，它的胜利不是文化史上一件人事，也许是完全不同的事。对这一点，不仅大卫·施特劳斯那班同路人有所反应，四面八方都有反应。我曾经嘲笑施特劳斯那班同路人是一种温和的德国文化俗物，简言之，是被称为旧的和新的信仰——《福音书》的作者。

文化俗物这个名词，在我的书中出现以后，变成了一个德语名词。乌腾堡人和斯瓦比亚那班同路人都感到，我对他们给予了致命一击，他们的极乐鸟所抱的相当诙谐的看法，极端地侮辱了他们的地方荣誉。他们的反应之恶劣与明显，正如我所能料想到的。但普鲁士的反应却较为聪明，在他们的反应中，具有较多的"柏林蓝"色彩。

最粗劣的态度是莱比锡一家报纸的态度，该报说：要避免在巴塞尔那些被激怒的朋友对我采取敌对行动，恐怕有些困难。只有很少几个老先生，基于某种很复杂而无法说明的理由，无条件地站在我这边。在这些人当中，有一位哥廷根的艾瓦德，他明确地表示，我的攻击对施特劳斯是致命的。还有一位黑格尔学派老学者布鲁诺·鲍威尔，后来我把他看作最关心我的读者之一。

在他晚年的时候，由于普鲁士历史地理学家特雷茨基完全不了解文化观念，每当他想暗示特雷茨基先生什么地方可以认识有关文化的观念时，他总喜欢指出我的名字。对这本书及其作者的最详细和最有见解的介绍文章，是列入哲学家巴登门墙的乌兹堡大学霍夫曼教授写的。在这篇论文中，他预见了我的命运，即带来一种危机以及在无神论方面带来决定性的转折点。他认为我是后者最自然和最彻底的代表者。

诚然，无神论曾吸引我接近叔本华。获得最大注意和引起最多讽刺的，是那位温和的希尔布兰德对我的著作所做的非常有力而大胆的赞赏。希尔布兰德可以说是最后一个通达人情的德国人，他知道怎样运用他的笔杆。他的文章发表于《奥格斯堡民报》。今天，这篇文章在他的文集里，还可以读到。

在这篇文章里，我的著作被视作一件大事，一个转折点，觉悟的最初象征，一个吉兆，德国人的热心及德国人精神热诚的真正复活。希尔布兰德对这本书的形式、成熟的风格、区别人物与原则、完美的技巧等方面，内心充满了最大的信仰，他认为这本书是所有书本中论辩得最好的书，是辩论术方面最好的表现。他不但毫无保留地肯定，而且强调我在关于"语言在德国退化"方面曾经说过的话，如今，作家们几乎不能写出一句话，却装出一副喜好修辞的样子。

由于和我一样，是轻视这个国家的主要作家，所以他的结论表示出对我勇气的赞赏，那一切勇气中的最大勇气，竟敢非难一个民族中最受喜爱的人物。我这篇论文的余威，在我一生中，对我是非常宝贵的。自那以后，从来没有人曾经企图捉弄我。现在人们都是缄默的。德国以忧心忡忡的谨慎态度待我。多少年来，我一直惯于这种绝对的言论自由，今天没有人，尤其在"帝国"中更没有人自由地有所主张。

我的乐园是"在我宝剑的影子中"。我确曾将司汤达的一句格言付诸实践。司汤达劝人们要以决斗的方式进入社会。我就实践了他这句话，而把我的对手选得多么好，一批德国主要的自由思想家。事实上，在我书中所表现的，是一种全新的自由思想，直到今天，对我而言，没有东西比那被称为"自由思想家"的整个欧美民族更为陌生。

他们是难以矫正的愚人和"现代观念"的小丑，我感到我与他们之间的不同，远超过与其敌对者之间的不同。他们也希望按照他们自己的方式来"改良"人类，也就是说，以他们自己的意愿来改良人类。他们向我所拥护和希望的东西无情地宣战，他们所有人仍然相信一个"虚幻的理想"，而我却是第一个反道德者。

三

我不想断言《不合时宜的思想》中两篇讨论叔本华和瓦格纳的论文，特别有助于对他们本人或其心理问题的理解。但是可能也有少数例外，例如我深刻而可靠的本能早就指出，在瓦格纳本性中的基本因素，是一种戏剧才能，而他的一切方法和目标，都只是这种才能的正常结果。

从根本上说，我希望这篇文章是与单纯心理训练完全不同的东西：一个在教育上独一无二的问题，一个新的自制和自卫概念，一条达到伟大和世界历史性事业的道路，所有这些都要表露出来。大概地说，为了表达我自己，就像人们抓住机会一样，我乘机抓住两个有名但过去相当含混的人，以便自由运用更多公式、符号以及与语言相对立的东西。的确，这一点，最后以非常巧妙的方式在《教育家叔本华》这本书的第183页中表示出来。柏拉图也曾以同样方式，利用苏格拉底的名字，也就是说，柏拉图把苏格拉底当作表达他自己思想的手段。

既然我能从某一距离以外，回顾产生这些论文的背景，那么我就不能否认，在根本上它们只是涉及我个人的。《在拜罗伊特的瓦格纳》是我自己未来的一个远景；相反的，《教育家叔本华》则是我最切身的经历和发展的记载。但是，最重要的是过去我对自己所做的期望。

今天我是怎样的一个人，今天我居于一个怎样的地位，一个高处，从这个高处，我不再以文字而是以霹雳来表达了。啊，当我写这本书时，我离此好远呀，但是，我曾经看到陆地，我没有一刻不认识航路、海洋、危险，我成功了，那个期望的伟大平静，一个不仅停留在希望阶段的未来快乐的展望，每个字所代表的东西都被体验过，深刻而亲身地体验过，这里并不是没有困难苦恼的事情，其中有些话，真使人血液沸腾。

但是，一阵巨大的自由之风，吹遍其中的一切，它所受的创伤，并没有成为它的障碍。我对哲学家的想法，就是危害一切事物的炸药；关于如何把自己对哲学家的观念和另一种观念分开。所谓另一个观念，即承认康德的地位，更承认学院派"冥想者"和其他哲学教授们的地位，这篇论文对所有这些问题，提供了非常宝贵的知识，我甚至认为，在根本上并不是"教育家叔本华"而是"教育家尼采"在说话。

事实上在那个时候，由于我的职业是作为一个学者，也许更由于我"了解"我的职业，所以那突然出现于这篇论文中的严肃学者心理，并不是没有意义的。它表现距离感，表现对我真正毕生事业的深刻信心。为了要成为一个定型的人，并且获得一个固定的结果，我曾经做过许多不同形态的人，也住过许多不同的地方，这是我的智慧之处。因此在某一个时期，我是注定要成为一个学者的。

《人性的，太人性的》

一

　　《人性的，太人性的》及其两续篇，显示出一种危机。它被认为是一本给自由人读的书：几乎书中的每一句话，都表示一种胜利，它使我清除一切不合于我本性的东西。理想主义不适合我，因此，本书扫除一切理想主义。这本书的名称含有下述的意义："在你们看到理想事物的地方，我看到人类的事物，哎呀！太人性了！"我对人们，认识得比较清楚。"自由人"这几个字，只能把它解释为一个已经自由的人，已经重新掌握自己的人。这本书显示出在语气和重点方面一种完全的改变：它被认为是巧妙的、冷静的，并且有些地方是无情的和轻蔑的。

　　一种高贵而文雅的精神性，似乎在与洋溢的热情从事不断的斗争。这一点给予下述事实以某种意义：由于伏尔泰逝世百年纪念，在某种方式之下，使本书能够很早在1878年出版。因为伏尔泰与所有在他以后从事写作的人相反，他是一个知识贵族，我自己也正是这种贵族。

　　把伏尔泰的名字写在我的一本著作上，这的确是往前迈了一步，向着我迈了一步。你只要仔细地看看这本书，你就会发现一个无情的人，他熟知理想者的一切秘密隐蔽处所，他的根据地和他最后的避难所。因为我手上有火炬，火炬的光一点也不是闪烁不定的光，我便以一道锐利的光线，照亮了这个尘世。

这是战争，但是这个战争，没有烟雾或火药气味，没有战争的行动，没有悲哀的气氛和断残的肢体，因为这些东西本身仍是"理想主义"。把错误一个一个地置于寒冰之上，理想者不是被驳斥，它冻僵了。例如，"天才"僵硬在这里；"圣者"僵硬在转角之处；"英雄"僵硬在厚厚的冰柱之下；最后，"信仰"，所谓的"信念"以及"怜悯"都非常僵硬了，而在全书中，"物自体"一直是僵硬的。

二

我开始撰写这本书，是在第一届拜罗伊特音乐节①的时候：对

---

① 拜罗伊特音乐节，拜罗伊特原为德国巴伐利亚的一个城镇，此地有歌剧院，专演瓦格纳歌剧，后来于1876年创立音乐节，演出节目全为瓦格纳的歌剧，故又称为瓦格纳音乐节，首次演出者为《尼伯龙根之歌》，历来演出次数最多之歌剧为瓦格纳的《帕西法尔》。

周围环境一种深深的疏远感是撰写这本书的许多条件之一。如果一个人对于那时候在我的道路上所掠过的美景有任何认识的话，他就能想象到，一天当我在拜罗伊特醒悟的时候，我会有什么样的感觉。以往就像是一直在做梦似的。过去我在什么地方呢？我不能认识什么东西了：我几乎不认识瓦格纳了。我追寻我的记忆，但没有用。德雷斯登，有福者遥远的岛屿：没有一点相似的痕迹：当我们奠立基石时那些无与伦比的日子，歌颂那些日子，充满着最美妙的感受而志同道合的小团体：现在一点踪迹也没有了！究竟发生了什么事情呢？瓦格纳竟然被变成德国人了①。瓦格纳的崇拜者已经胜过瓦格纳本人了，德国的艺术，这位德国的名家，德国的啤酒！

在我们当中，那些非常清楚唯有瓦格纳艺术才能诉诸高尚的艺术家，才能诉诸全世界普遍兴味的人，一旦发现瓦格纳披上了德国式美德的外衣时，都被弄得迷糊了。我想，我是知道崇拜瓦格纳的那些人的，我已经验过三代这样的人，从以往那位把瓦格纳与黑格尔混在一起的布兰德尔，到现在这些把瓦格纳与他们自己混在一起的拜罗伊

---

① 瓦格纳当然是德国人，但在文化气质上，尼采认为瓦格纳不是德国式的，尼采讨厌当时德国的文化气息，所以与瓦格纳相交颇好，后来尼采发现瓦格纳的风格转变，便与瓦格纳疏远，此处是惋惜瓦格纳的语气。

特新闻界的"理想主义者"。从那些"美的心灵"那里，我听到过各种关于瓦格纳的自白。那些群众足够使你毛发倒竖，诺尔①、波尔②、胡说八道者③以及很多像他们一样的人。

可怜的瓦格纳：他已经走到一种什么地步了？但愿他已经沦入卑鄙的人们的手中！可是，他却沦入德国人的手中。总有一天，为了启发后人，他们应充满一种真正的拜罗伊特作风，在精神上保留拜罗伊特作风，因为这正是缺少的东西，附以下面的话："日耳曼帝国所赖以建立的精神典型。"

真受够了！尽管有一个可爱的巴黎贵妇安慰我，我还是突然间摆脱一切东西，离开拜罗伊特几个礼拜，我只简单地发了一封电报向瓦格纳致歉。在鲍姆瓦尔德一个僻处，名叫克林恩布伦的小地方，我忍受着对德国人的哀伤和轻视，像是生了一场病似的，也偶尔以《犁头》这个题目，在我的笔记簿上写上几句话，即所有有力的心理上的观察心得，而这些观察心得很可能再出现于《人性的，太人性的》这本书里。

---

① 诺尔，当时的音乐评论家。
② 波尔，当时的音乐评论家。
③ 胡说八道者，意指无意义的谈论或写作。

三

　　我内心这种突然的转变，不只是与瓦格纳的决裂，那时候，我对我在本性上一般的迷失感到苦恼。这种本性迷失的任何差错，无论是关于瓦格纳方面也好，或关于我在巴塞尔大学的职位方面也好，都只是一种征候。

　　一种暴躁不安的情绪笼罩着我。我知道，这时候是我稍稍反省一下的适当时机了。我立刻明白，我已经浪费了多少时间，多么的无用。与我毕生的工作相比，我曾经多么想终生做个语言学家。我曾对这种虚假的谦卑感到羞耻。

　　十年的时间过去了，在这十年中，我根本没有得到一点精神上的滋养，在这十年中，我没有获得一点有效的知识，只是追求那种味同嚼蜡的学问渣滓，而丢失了数不清的东西。在古代希腊诗人中，小心翼翼地，半盲目地耕耘，那就是以往我所从事的。

　　可怜，我发现自己非常瘦弱、憔悴，在我的知识宝库里，完全缺少现实的东西，只知道"理想事物"有价值。我满怀着一种燃烧的热望，此后，我的研究工作完全在生理学、医学和自然科学方面，甚至只有当我毕生主要工作使我不得不如此做的时候，我才回到对历史的研究工作。也是在那个时候，我第一次感觉到在违背一个人本性而选择的职业与透过催眠术的媒介（如瓦格纳的催眠术）而平息一种空虚和渴求情感的需要之间那种关系。

经过仔细的观察，我发现了一个事实，就是有很多年轻人，都遭遇同样的困扰：一个个反常的行动，不断地发生。在德国，或者说得更正确一点，在帝国之内，很多人都不得不过早地选择他们的职业，然后又在不可避免的重担之下颓唐下去，这种人把瓦格纳当作麻醉剂，他们忘记了自己，他们暂时逃避自己，我在说些什么！费了五六个小时！

四

在这个时候，我的本能绝对反抗自己任何进一步的屈服，或对自己的误解。任何一种生活，最不利的境遇、疾病、贫困，任何东西我都觉得比不值得的"自私"要好一点。最初，由于我的无知和年轻，我曾经陷入这种"自私"中。后来，完全是由于惰性，用另一种方式说，由于一种"义务感"，我仍然停留在这种自私之中。

现在，我不能完全赞同了，正在这个时候，我从我父亲那边得来的有害遗传帮助了我，就是在根本上，我有一种早死的倾向。疾病渐渐地给我自由，它使我避免任何突然的虚脱，它使我避免任何暴烈或急剧的活动。在那个时候，我没有丧失诚意；相反的，我获得更多的诚意。

疾病也使我改变了我的生活方式，它不但让我忘记某些东西，事实上，它使我不得不忘记某些东西。它使我需要休息、悠闲、等待、耐心……而所有这些就等于是思维！我眼睛的健康状况不好，坏到足以使我失去所有阅读兴趣，足以使我停止对语言学的研究。我离开了书本。好几年我都没有读什么书，这是我曾经给自己的一种最大恩惠。

本来的我，好像已经被埋葬了，并且在不得不听从别人（这就是阅读的意义）的压力下，失去了表达能力，那时又慢慢地、怯怯地、犹豫地觉醒了，最后，又开始表达自己了。我从来没有像在我生命中最脆弱和苦痛时期那样快乐过。你只要看一看《曙光》或《漂泊者及其影子》两本书，你就可以知道，"回到我自己"是什么意义！它本身就是一种最大的复原！其他纯粹身体上的复原，只是它的结果而已。

五

《人性的，太人性的》这本书，无形中结束了"理想主义""美的情感"及其他我所具有的柔弱等一切骗人的东西。它的主要大纲是在索伦托①写好的：而它的结论及全书的结束，则是在一个冬天里在巴塞尔完成的。

在巴塞尔时，我的境况远不如在索伦托时好。事实上，这本书的写成，应该归功于彼得·高斯特，彼得·高斯特在当时是巴塞尔大学的一个学生，对我非常忠实。因为我头痛，头上包着绷带，所以我来口述而由他来书写和改正，实际上，他才是这本书的撰写者，我不过是它的作者而已。

最后，当我收到这本完成了的书时，我把它送去拜罗伊特。由于一种奇妙的心心相印，就在同一个时候，我收到了一本瓦格纳的《帕西法尔》，书上并附有瓦格纳亲笔写的一句话："教会参事官，理查德·瓦格纳，送给他亲爱的朋友，弗里德里希·尼采"。

从这两本书的交相赠予中，我似乎看到了一个不祥的兆头。这不就像两把剑撞在一起时发出的声音吗？无论如何，我们都有这种感觉：因为我们还是沉默的。大约在这个时候，第一个《拜罗伊特集》出版了，那时候我了解，为什么这是我要像以往一样去行动的适当时机了。不可思议！瓦格纳竟然变成了信神的人。

---

① 索伦托，意大利那不勒斯海湾附近的一个临海城镇。

六

我在那个时候（1876）对自己的看法，与借以承担我毕生工作的非常信心以及其中一切世界历史性的东西，在全书中表现得非常明显，尤其是在一段意义深长的话中表现得非常明显。尽管事实上由于本能的机敏，我还是避免用"我"这个字，但是情形依然如此。不过，这个时候，对我启发最大的，不是叔本华或瓦格纳，而是我的朋友保尔·瑞博士，所幸，保尔·瑞是一个非常精细的人，他是不易受骗的。

在我的读者当中，发生了一些使我失望的事情，例如，对于一个普通的德国教授而言，上面的这些话，会使他认为整个这本书是进一步的保尔·瑞的思想。事实上，这与我朋友们所说的五六句话相矛盾。人们可以读《道德的系谱》的序言来证明。上面所指的一段话是：那么，一个最勇敢和最冷静的思想家，《道德感情的起源》（请读《第一位反道德者尼采》）的作者，以其对人类活动锐利而决定性的分析，所获得的主要结论是什么呢？

他说，道德上的人并不比肉体上的人更接近于睿智世界，因为根本就没有睿智世界。这句话在历史知识的冲击之下变得坚韧和锋利（请读《对一切价值的重新估价》）了，也许在未来某个时候，也许就在1890年，可以用它来作为砍断人类"形而上需要"树根的斧头，谁将预知这是人类之福还是人类之祸呢？但是无论如何，这是一句含有至理的话，在面对这个具有一切伟大知识所具有的雅努斯之面①的世界时，这句话一方面是具有丰富收获的，另一方面也是可怕的。

---

① 雅努斯之面，"雅努斯"这个字，根据罗马神话，是指两面神，专司万物的初始，如人生之始等。

《曙光》/
道德思想是偏见

　　我用这本书来开始我的反道德活动。在这个活动中，没有一点火药味，相反的，如果你的鼻子很敏感的话，倒可以在里面嗅到一些令人愉快的气息，这里没有枪声，也没有炮声，如果这本书的结果是消极的话，它所使用的方法却不是这样的。读者也许会对这本书留下一个印象，觉得它在那些道德名义之下，一向被尊重甚至被崇拜的一切东西，是胆小而谨慎的，但这点并不与下述的事实冲突。在这本书中，没有一个消极的字眼，没有攻击，也没有怨恨，相反地，它是躺在阳光之下，安详而愉快，像海上动物躺在两片岩石之间晒日取暖一样。

　　事实上，我就是这个海上动物，这本书中的每一句话，差不多都是在接近热那亚的岩石群中想出来的，都是在那里捕捉到的。我自己住在那里，与海洋互通消息，甚至到现在，每当我偶然翻阅这本书的时候，我还是感觉到，几乎每一句话都像一条钩索，可以从它的深处钩出一些无与伦比的东西出来。

　　这本书能够巧妙地把握那些往往静悄悄、匆匆即逝的东西。"还有那么多的黎明，等着去散播它们的光明。"在这本书开头写上了这句印度格言。可是这句格言的作者到什么地方去寻找那新的早晨，寻找另一天，呀！那整串日子，那许多新日子！开始时未知的鲜红在哪里呢？要在对一切价值的重新估价中去寻找，要在对一切道德价值的解放中去寻找，要在一种肯定中去寻找，要在对一切以往被禁止、被轻视和咒骂的信心中去寻找。

　　这本肯定性的书，对一切恶的东西散发着它的光明、它的爱、它的亲切，它将它们的心灵、它们平静的良心、它们存在的主要理由和特权，归还给它们。我们并不是攻击道德，我们只是不再考虑它。这本书用"或者"这个字做结论，这是唯一以这种方式做结论的书。

　　我的毕生工作是为人类准备一个伟大自觉的时机，为人类带来一个"伟大巅峰"，那时，人类将会瞻前顾后，那时，人类不再受偶然事件和教士的支配，会第一次提出整个人类的原因和理由问题。这个毕生工作是下述观点的必然结果，这个观点是说，人类并没有走上他们所愿意走的正确道路，它根本没有受到良好的治理，完全处在那种趋于否定、堕落和颓废等神圣价值之下。

　　因此，对我而言，关于道德价值的起源问题，就是一个最重要的问题，因为它决定人类的未来。以往我们被要求去相信，所谓在根本上，一切事物都是处在最好的情况下，而圣经则确保我们得到神圣的指导以及俯视人类命运的智慧。可是，当我们回到事实的真相时，我们便发现，我们所拥有的，只是阻止可怕事实的意志，而这种可怕事实则保持相反的情形。这个事实告诉我们，一直到现在，人类一直处在最坏的情况中，人是被那些不适当的东西所支配，被那心理上弄巧成拙的人所支配，被那狡猾和充满仇恨心理的人所支配，也就是被那"圣者"所支配，被那些谋害世界和讥讽诋毁人类的人所支配。

利他主义，被视为绝对价值，而"自利"主义则到处遭到敌视，我们要在这个事实中为下述事实找出一个决定性的证明，即教士，包括那些伪装教士、哲学家，不但在某种固定宗教范围内已变为主人，而且在其他地方也变成了主人。同时，颓废道德、虚无意志已被视为道德本身了。

凡是在这方面不同意我意见的人，我就认为他受到感染了。但是，所有世人都同意我。对生理学家而言，这种对价值的反对，没有怀疑的余地。如果我们身体中最小的器官，不能发挥它的自保力量，恢复体力所需要的东西以及它的"自利主义"，那么，整个机体就会衰败。生理学家坚持，这些失去机能的部分应该割掉，他不顾对这些部分的同体之谊，他根本不怜惜它们。

但是，教士所希望的，却正是整个人类的堕落。因此，他保留衰败的那部分，这是他支配人类的代价。如果这些谎话，这些所谓"灵魂""精神""自由意志""上帝"等附加的道德概念，其目的不是在生理上腐化人类的话，它们还有什么意义呢？

　　当一个人不再重视自我保存和体能的增加时，也就是说，当一个人不再重视生命时，当贫血被当作理想，而对肉体的轻视被认作"灵魂的拯救"时，这不是颓废的秘诀，还能是什么呢？失去内心的平衡力量，抗拒自然的本能，一言以蔽之，"无我"，这就是一向被视为道德的东西。我以《曙光》这本书，开始我反自我牺牲道德的斗争。

《快乐的知识》/ 快乐的科学

《曙光》是一部肯定生命的书，深奥而明确，同时在风格上也是亲切的。《快乐的知识》也是如此，而且其相似程度非常大。几乎在这本书的每一句话中，深刻与轻快巧妙地结合在一起。有一首对我经验中最奇妙的《正月》，表达感激之情，整部书就是它赐予的诗，从内在"智慧"中充分显示出喜悦之情：

> 用你炽热的枪矛，
>
> 溶解我内心四周的寒冰；
>
> 它带着怒号，
>
> 匆匆地把自己整个倾注于伟大的希望之海：
>
> 比以往更光明，更纯洁；
>
> 啊，美丽的正月，
>
> 它歌颂你带来的奇景！

一旦他抓住了在本书第四部分最后结尾处，查拉图斯特拉最初所说的话。那么，谁还能对这里所谓"伟大的希望"所含的意义有疑问呢？一旦他读过了本书第三部分开头那些像花岗石一样的句子，而这些句子第一次解说了一切时代的命运，那么，谁还能对这里所谓"伟大的希望"所含的意义有疑问呢？大部分在西西里写成的《快乐王子之歌》①，强有力地提醒了人们关于普罗旺斯"快乐科学"的观念，提醒了人们关于歌手、骑士和自由精神的结合，这种结合使普罗旺斯人的早期文化，显得与一切不确定的文化有所不同。最后的一首诗《献给米斯特拉尔》！一首欢欣的舞曲，如果你愿意的话，在这首诗中，道德任由你践踏，是一首完全普罗旺斯风格的诗②。

---

① 米斯特拉尔为法国普罗旺斯的诗人，生于1830年，死于1914年。
② 普罗旺斯在中古世纪以诗歌和骑士武侠作风著称，那么，所谓普罗旺斯风格，应该是指诗歌与骑士精神合一的风格，这种风格也许接近尼采所谓阿波罗与狄俄尼索斯精神合一的理想。

《查拉图斯特拉如是说》

为所有人、不为某个人而写的书

一

现在我要告诉你们我的《查拉图斯特拉如是说》的故事。它的基本概念，即"永恒轮回"的观念，也就是人类所获得的最高肯定方式，是在1881年8月间形成的。我匆匆地把它写在一张纸上，并且附带了一句话："高出于人类和时间六千英尺。"那一天，我正在西尔瓦波拉纳湖边的林中漫步：在离苏莱不远一个巨大高耸而尖尖的岩石旁边，我站着不动。就在这个地方，我获得了这个观念。

如果我回想一下，在这一天的两个月以前，我可以发现一个前兆，那就是我在爱好方面有一个实在而深刻的转变，尤其在音乐方面。也许整个《查拉图斯特拉如是说》都可以视为音乐，我相信，在创作《查拉图斯特拉如是说》的许多条件中之一就是我在听觉艺术方面的再生。在洛加罗，这是威森查附近的一个山中水边游憩处，1881年的春天，我就是消磨在这里。我与我的朋友名音乐家彼得·加斯特发现音乐的凤凰之鸟①，带着前所未有的美丽而光泽的羽毛，在我们头上盘旋。

因此如果我从那天开始，算到1883年2月这本书的完成时为止，它的最后部分，是正当瓦格纳在威尼斯去世时完成的，在序言中，我曾引用了其中的几行话，它的孕育时期似乎是八个月。这中间时期，我致力于《快乐的知识》的写作，这部书有很多迹象，表示我接近了某些无与伦比的东西。

它的结论显出《查拉图斯特拉如是说》的开始，因为书中第四部分倒数第二个格言中表现出查拉图斯特拉的基本思想。《生的赞歌》也是在这期间完成的，佛利兹于两年前在莱比锡把《生命礼赞的乐谱》出版了。也许，它可以表现出我在这一年中的精神状态，那时候，我心中充满了积极肯定的情感。

我称这种情感为悲剧情感。总有一天，人们将会歌唱它来纪念我。因为有些流行的误解，所以我要在这里强调一点，即生命礼赞的主题不是我创作的，而是一位俄国青年贵妇罗·莎乐美的灵感，那时我和这位贵妇的友情正深。凡是能从这首诗歌最后几个字理解某些意

---

① 音乐的凤凰之鸟，凤凰相传活五六百年后，自焚为灰，然后由灰中复生，活泼而美丽，故借之用作长生不老的象征，尼采以此字比喻狄俄尼索斯音乐的复活。

义的人，将会知道，为什么我喜欢而赞美它。因为在这些字眼中，具有一种伟大性。

　　痛苦是不能与生命敌对的，不管你是不是没有快乐留给我！你仍然有你的愁苦。

　　在这段话中，可能表示出，我的音乐也高扬到伟大的地步。箫的最后一个音符，应该是升C调而不是C调。第二年冬天，我住在离热那亚不远、可爱而平静的拉勃罗湾。这时候，我的身体不太好；这个冬天寒冷多雨；我的小木屋太靠近海边，以致海涛的澎湃声音使我无法入眠，这种环境很不理想。

　　但是，尽管如此，我的《查拉图斯特拉如是说》却诞生在这个冬天，也就是这个不理想的环境，似乎证明了我的理论，即认为一切决定性的东西，都是从对立物中产生的。每天上午，我习惯在一条风景宜人的路上走走，这条路通过一片森林，可以远眺海洋。每天下午，只要健康状况许可，我就会沿着从桑塔玛格里塔到波多芬诺的整个海湾漫步。

　　这个地方及其四周的乡间，深深地印在我的心田中，因为腓特烈三世也深深喜爱这个地方。1886年秋天，当我偶然再度来访时，腓特烈也最后一次重临这小小的、已被遗忘的快乐世界。就是在这两条路上，所有关于《查拉图斯特拉如是说》的思想，尤其是作为一种典型的《查拉图斯特拉如是说》，在我心中出现，也许我应该说，侵入我的心中。

二

为了了解查拉图斯特拉这种类型的人，首先你必须完全知道它的主要生理状况，也就是我所称为"非常健康"的状况。关于这一观念，我早在《快乐的知识》第五部分最后一个格言（第382则）中，说得非常清楚，不能讲得再清楚了。这段话说："我们这些新的，无可称谓的以及高深莫测的人，过早地产生一个未经证实的未来，我们需要新的方法以达到新的目标：我们需要一种新的健康，比一向所见的更为强壮、敏锐、坚忍、勇敢和更愉快的健康。"

一个在内心渴望体验以往一切价值，而想环航这理想"地中海"的人；一个从其深刻经验中知道作为希望者和理想的发现者是什么滋味的人；一个知道作为艺术家、圣者、立法者、贤哲、学者、虔诚者和庄严的隐士是什么滋味的人；这种人需要一个先决条件，那就是"非常健康"。这种健康不仅是一种静态的享有，而且是经常的获取，也必须获取，因为人经常消耗健康。

由于我们走在这条路上已经很久，所以我们这些理想的追寻者[①]，也许我们的勇气太过谨慎，以致经常触礁、受到创伤。但是，正如我所说的，我们比人们所想象的更为健康，非常健康，也一再地恢复我们的健康，所以我们的困苦似乎要获得报偿。在我们面前，似乎看到那个未经发现的广大园地，这是一个超越所有已被认识的土地和理想的隐藏所，这是一个充满着美、奇妙、疑问、畏惧和神性的世界，以致我们的好奇心和占有欲达到了最高程度。

在我们生存的这块土地上，没有什么东西能够满足我们。哎呀！有了这种远景在我们前面，我们的内心和意识又充满燃烧的欲望，我们怎能对今天的人类感到满意呢？这已经够坏的了，但是，更有甚于此而且不可避免的，我们不会真正重视今天人类的最高目的和希望，我们对人类的希望不再加以考虑。

另一个理想盘旋在我们的眼前，一个奇妙的、极具诱惑的、充满冒险的理想，我们不想鼓励任何人都具有这种理想，因为我们不能这么轻易地承认任何人都具有这种理想的权利。它只是某一种人的理

[①] 字面意思就是"淘金"。此字有两种解释，一为与杰森同往科尔喀斯求取金羊毛的人，二为1848年—1849年前往美国加州淘金的人。

想，这种人很率真，由于他生命力过分旺盛而不由自主地玩弄那些一向被视为神圣、良善、不可侵犯、尊贵的东西；对这种人而言，最高的标准将只是一种危险、衰落、卑贱，或者最低限度地说，只是一种松弛、盲目的暂时忘我。

它是一种合乎人性而又超越人类幸福和善意的理想，这种理想，看起来往往不属于人类。例如，当它碰到人类过去在举动、言说、声音、外貌、道德和义务方面最歪曲表现的一切严肃而庄重的东西时，但是，也由于这种理想带来了"伟大的严肃性"，因而第一个问号产生了，心灵的命运改变了，时针转动了，而悲剧也开始了。

三

在十九世纪末期，有人能对精力旺盛的诗人们所指的灵感，有任何明确的认识吗？如果没有的话，我愿意描写它。如果一个人还具有一点残留的迷信，那么，他就不能完全否认所谓他自己只是某种巨大力量的化身、代言人、媒介的想法。启示的观念充分地描写了这个情形：突然间我们可以很确切地看见和听到一些非常震撼的东西了。

我们听到了一些东西，但不寻觅；我们获取了一些东西，但不问谁给的；一种思想像闪电一样，毫不迟疑地显现出来了，而我们对它却从来没有做过任何选择。我们喜极而泣，这个时候，我们内心活动进行的情况发生变化，不知不觉间，从激烈状态转变为缓慢状态。我们感到完全失去了控制而清楚地意识到全身上下剧烈的震动，这时会产生一种深刻的快乐，在这个快感中，最后苦痛和抑郁的感情，都被调和了，而且是必要的有如色彩在充溢的光明中一样。

我们直觉到一种韵律关系，而这种韵律关系包括了一切形相。任何东西都是无意中发生的，就像在自由爆发、独立自主、力量和神性中发生的一样。意象和象征的自发性非常明显：一个人失去了一切对想象和象征事物的知觉：一切东西都呈现为最直接、明确和简单的表现手段。如果我可以想起查拉图斯特拉的一句话，想起这句话，就好像事物本身自动地来到我心中，而表现为一种象征一样。

这里，所有东西都亲切地来到你的谈论中而使你愉快，因为它们喜欢接近你。从每一个象征中，你都可以达到一切真理。这里，一切存在的语言文字宝藏，都展现在你的面前，一切存在都将变为语言，一切"变化"都将告诉你如何去表达。这是我对灵感的经验。我一点也不怀疑，我要回到几千年以前，去找寻另一个能够对我说下面这句话的人："这也是我的经验。"

四

后来，我在热那亚卧病了几个礼拜，然后在罗马过了一个沉闷的春天。这个地方真使我烦闷，我差一点没死掉。这不是一个令人愉快的经历。罗马这个城市不是我自己选择的，对《查拉图斯特拉如是说》的作者而言，这是一个最不适宜的地方，这个城市强加于我精神上的压力很大。我曾经想离开。我想去阿奎拉，这个地方与罗马完全不同，按照与罗马完全相反的方式建造，正如有一天我也将建造一座城，以纪念一位深得我心的无神论者和反牧师者，即腓特烈第二大帝一样。

但命运之神不许可，我必须再度回到罗马。最后，在我想尽了办法要找一个反对基督教的角落而未果时，我只好选择巴贝里尼广场。在某一个机会，为了尽量避免那些不好的气味，我问过帕萨洛，他们是不是没有一个适宜哲学家居住的安静场所。在一个俯瞰整个罗马的广场上端，有一个凉廊，它最下边有一个泉潭，泉声不绝于耳，就在这个地方，我作成了一首在所有歌曲中最寂寞的歌曲——《子夜歌》。

在这个时期，我不断地为一种不可名状的忧戚调子所困惑。夏天，当我回到那《查拉图斯特拉如是说》中最初思想像闪电一样在我心头出现的伟大地方时，我想出了《查拉图斯特拉如是说》的第二部分。只消十天工夫就够了。无论第一部分、第二部分或第三部分，都没有多费一天工夫。

第二年冬天，在尼斯平静的天空下，我第一次享受到了光辉的阳光，就在这个时候，我完成了《查拉图斯特拉如是说》的第三部分，因此，也就完成了全书。整个写作时间不到一年工夫。在尼斯四周乡间的许多偏僻地区和山冈，那些不可忘怀的时刻，都使我觉得很奇妙。《旧表和新表》这重要的一节就是从车站到摩尔人之巢的伊萨艰险山坡上写成的。

当我的创造力无拘无束地涌出来时，我的肌肉活动总是最强的。肉体鼓舞着：我们不要理会心灵了。人们总是看到我在雀跃着，我经常在小山之间步行七八小时而丝毫没有倦怠的感觉。我睡得很好，常常带着笑容，我完全生气勃勃而坚忍。

五

除了几个十天的工作时期以外，在《查拉图斯特拉如是说》诞生的这几年中，尤其是以后的期间，对我而言，可以说是最不幸的几年。一个人要不朽，他所付出的代价是昂贵的，在他的一生中，他必须死好几次。

有一件事，我称它为伟大的可恨，就是任何伟大的东西，不论一本著作或一个事业，一旦它完成以后，立刻就会对那产生它的人采取敌对态度。就因为他是它的生产者，这个事实使他变得脆弱。因此，他就不再继续他的事业。他不能面对它。完成了某些我们从来不能冀望的事情，某些人类命运之结所系的东西，不要离开它！它几乎压倒了我们！伟大的可恨！

还有一件事情，就是无所不在的可怕沉默。孤独是很坚厚的，没有东西能够穿透它。你在人们当中行走，你接待你的朋友们；但这只是你所碰到的一种新的荒野，他们的脸孔茫然无变化，或者充其量只表现一种反抗。几乎从每个接近我的人身上，我都体验到各种不同的后一种反应：似乎没有东西能比突然之间感到与一个人的隔阂，使我们受到更深的创伤。没有尊敬就不能生活的那种高贵人是很少的。

第三件事是皮肤对微小刺激的不合理的敏感，就是在所有微小东西之前的那种束手无策。我觉得这是由于抵抗力的可怕消耗而产生不可避免的情形，而这种抵抗力的可怕消耗则是一切创造活动的先决条件，是人们最内在和最具体存在所产生的一切活动的先决条件。因此，稍有一点抵抗力停止作用，它们就不能获得新的能力。甚至我敢说，我们的消化过程就会受到妨碍，我们就会更倾向于惰性，就会太容易感受寒冷和怀疑。

六

这本著作与众不同。现在我们不要理会诗人们，可能还没有什么东西从这种过剩的力量中产生出来。这里，我所说的"狄俄尼索斯"这个概念，变成了最伟大的事业，以此来衡量所有其他人类的事业，看来都像是贫乏而有限。在这种激情和超升的非常气氛中，歌德或莎士比亚，可能会感到透不过气来。

与查拉图斯特拉比起来，但丁只不过是一个信仰者，而不是一个创造新真理的人，一个支配世界的人，一个支配命运的人。与查拉图斯特拉比起来，吠陀诗人只能算是教士，甚至替查拉图斯特拉脱草鞋的资格都没有，所有这些都不太重要。它们不能带给我们距离的观念，它们不能带给我们清净孤独的观念，而这种距离和清净孤独的观念，正是这本著作的精神所在。

查拉图斯特拉永远可以说：我在我的四周画上圆圈和神圣的界线。那些与我共登绝顶的人，现在更少了。我为自己在更神圣的山中，建造一个山脉。一切伟大心灵的全部精神和善良合起来，也不能创造一篇查拉图斯特拉的说教。他上下的梯子无限长，他比任何人都看到过更远的地方，意欲过更多的东西，也到达过更远的地方。这位在一切人类中最积极的肯定者，在每一个字中，都自我矛盾，然而，他身上一切对立的东西，最后都达到一个新的统一。

人性中最高尚和最卑下的力量，最愉快的、最轻松的和最可怕的力量，永远不变地从一个源泉中流出。在他之前，没有人知道什么是具有高度或深度的东西；更不要说知道什么是真理了。在这种真理的启示中，甚至人类中最伟大的人，也没有预想到或预见到一点儿。在查拉图斯特拉之前，没有智慧，没有心灵的省察，没有语言的艺术。

最熟悉的、最平常的事物，现在吐出前所未闻的言辞。每句话都使情感激动。雄辩变成了音乐。向着梦想不到的未来发出电光。语言回到了想象的性质，与此相比，向来对寓言最有力的运用，现在只变成了怯懦小孩子的游戏了。

试看查拉图斯特拉如何从山上走下来吧。他是多么亲切地向着所有人类说话，看看他是多么温和地对待他的敌人，那些教士们，他因为他们多么受苦！于是，在任何时刻，人都是被超越了，而"超人"这个概念便变成了最伟大的现实，在人类身上一向被称为伟大的一切东西，现在都远居底下，无穷远的底下。

平静的性情、轻松的步伐、无所不在的放纵和欢欣，以及一切查拉图斯特拉典型的东西，过去是从来没有被认为与伟大的本质连在一起的。就在这些地方和这种对敌人的宽恕中，查拉图斯特拉自觉是一切生物中最伟大的生物：而当你听到他如何解说他自己的时候，你就不会再想找寻与他匹敌的人了。

拥有最长梯子的心灵能往下走得最深。

兼容并蓄的心灵，能在自身中驰骋漂泊、浪游，最必要的心灵，因为喜悦而把自己投入偶然之中。

"存有"中的心灵，投入"变化"之中；

沉着镇定的心灵，企求满足欲望和渴慕之情。

从自身逃开的心灵，在最宽阔的回旋路上，追上了自己；

最智慧的心灵，愚者向它诉说着最悦耳的话语。

最自爱的心灵，一切事物都在其中获得它们的趋向和反趋向，低潮和高潮。

但是，这就是狄俄尼索斯的本质。

从另一个方向去看，也可以达到同一的观念。

查拉图斯特拉形态的人提出了下述心理上的问题：如果一个人对人类向来肯定的一切东西，加以前所未有的否定，同时完全无所作为的话，这个人怎能还是与否定者相反的人呢？如果一个人肩负命运的重担，如果他的毕生工作是作为一个命运，这个人怎能还是一个最轻松和最超越的人呢？因为查拉图斯特拉是雀跃者。

　　如果一个人对于现实具有最坚实和最透彻的洞见，如果他具有最"深远的思想"，这个人还能在这些东西中，发现不了存在的障碍吗？发现不了"永恒轮回"的障碍吗？是不是对一切事物的持久肯定，使他发现自己之所以成为自己的理由？

　　"我深深地怀着对生命肯定的祝福"，但这也是狄俄尼索斯的本质。

七

　　这样一个人，当他沉思默想时，他用什么语言表达呢？用狂热诗歌的言语。我就是狂热诗歌①的作者。请留意查拉图斯特拉在《日出之前》②里对自己心灵说话的方式。

　　在我来临之前，这种喜悦，这种不平凡的宽和，没有一点踪影。甚至这样一个狄俄尼索斯的最深悲叹，也变成了一首狂热的诗歌。我以《子夜歌》③来做例子，这是一个无尽的悲歌，这个人，由于他过

---

① "酒神赞歌"，这个词有两种含义：赞颂酒神之歌，狂热的诗歌。此处，这两个意义可以相通，因为前面所说的这样一个人，正是酒神狄俄尼索斯的化身。
② 《日出之前》，此为尼采《查拉图斯特拉如是说》第三部分，第四十八章的标题。
③ 《子夜歌》，此为《查拉图斯特拉如是说》第二部分，第三十一章的标题。

剩的光与力，由于他热烈的本性，注定永远不能去爱。

> 黑夜已临：现在，所有喷泉诉说的声音更高了。
>
> 而我的心灵也是喷泉。
>
> 黑夜已临：现在，只有爱人们的歌唱起来了。
>
> 而我的心灵也是爱人的歌唱。
>
> 在我内心的是不平静，也不能平静的东西，它渴望着表现出来。
>
> 在我内心的是爱的渴求，它诉说着爱的言语。
>
> 我是光明。呀，过去我是黑夜，但我的孤寂，要用光来围绕。
>
> 呀，过去我是黑暗和黑夜似的。我怎样在光的怀抱里安然入睡！
>
> 而我要祝福你们，你们这些高高在上的闪烁小星星和萤火虫。
>
> 我为你们光的赐予而欢欣。
>
> 但我活在我自己的光里，我重新吸收从我身上爆发出来的火焰。
>
> 我不知道接受者的快乐，
>
> 而我经常梦想着，赢得比接受一定更为快乐。

> 我贫乏，因为我似乎从未停止过给予；
>
> 我羡慕，因为我看见期待的眼睛和欢乐的期望之夜。
>
> 啊，所有给予者的不幸！

啊，我的太阳变得阴暗！

啊，渴望着去渴望！

啊，热烈的渴望饱满。

他们取之于我，但我还未接触他们的心灵吗？

在给予与接受之间有一条沟隙，

而最小的沟隙最后也必须跨过。

从我的美貌中产生热望，

我要伤害那些我所照亮的东西，

我要抢夺那些我所给予的东西，

我如此地渴望着邪恶。

当另一只手早已伸向它的时候，我缩回我的手，

像小瀑布一样犹豫，甚至在跳跃中也犹豫，

我如此地渴望着邪恶。

我丰富的生命力想起了这种报复，

从我的孤寂中涌出了这种命运。

我从给予中得来的快乐，又在给予中逝去了。

我的美德因丰盛而自感厌倦了，

"曾经给予过的人，恐怕将丧失他的羞耻心。"

对于他曾经给予过的人，正因为给予，手和心都变得冷漠无情了。

我的眼睛不再为恳求者的羞耻心而流泪，

装满了东西的双手不能摆动，因为我的手变得太硬了。

为什么我的眼泪已干？为什么我的心下沉？

啊，所有给予者的孤寂。啊，所有杰出者的沉默！

在荒漠的太空，环绕着许多太阳。

用它们的光，向一切黑暗的东西说话，但它们却对我沉默。

啊，这是阳光对杰出者的敌意。它无情地追逐着它的方向。

它的内心，对杰出者不公平，对其他太阳冷漠，每一个太阳如此运行。

太阳们像风暴一样追逐着它们的方向：那就是它们的运行。

它们追随着它们坚决的意志：那就是它们的冷漠。

啊，只是你们，你们这些黑暗的，黑夜似的东西，从杰出者身上获得温暖！

啊，只有你们才从光的沐浴中吸取能量和养料，

呀，我的四周都是冰，用冰来使我的手发热，

呀，我内心充满了热望，渴求着你们的热望！

黑夜已临：啊，我必须是光，而渴求着黑夜似的东西：孤寂。

黑夜已临：现在，我的渴望从我的内心，

像泉水一样涌出，我渴望着说话。

黑夜已临：现在，所有喷泉诉说的声音更高了。

而我的心灵也是喷泉。

黑夜已临：现在，所有爱人们的歌唱起来了。

而我的心灵也是爱人的歌唱。

八

从来没有人写过这些东西，从来没有人感到过这些东西，从来没有人遭遇过这些东西：这种遭遇只能为一个神所带来，也就是说只能为狄俄尼索斯所带来。亚莉阿德妮①将是这种对太阳在光中的孤独所做的狂热赞美歌的回应。除了我以外，谁知道亚莉阿德妮是谁，向来没有人发现过这种难题的任何线索：我甚至怀疑，是否有人曾在这方

---

① 亚莉阿德妮，据希腊神话中说，亚莉阿德妮为克里特王米诺斯之女，爱上提修斯，给提修斯引路之线，使他走出迷宫，并与提修斯同往迪亚岛。传说，亚莉阿德妮后来又为提修斯所弃，嫁与狄俄尼索斯为妻。

面看到过一个难题。一天，查拉图斯特拉严格地决定他毕生的工作，这也是我的工作。不要让任何人误解它的意义。它是一种肯定。

　　我在那些作为未来断片的人类中走过，我预期那个未来。

　　撰作、收集零碎难解和可怕冒险的东西，是我所有的诗兴和期望。

　　如果人不是撰作者，难题的解答者和冒险的实践者，我怎能忍受为一个人著作！

　　去赎回已经过去了的，去改变所有"过去的"为"我要如此获得"，只有这样，我才说它是救赎！

在另一段文字中，他极其严格地确切说明，他认为人到底能够成为什么，不是爱的对象，也不是怜悯的对象，查拉图斯特拉甚至已经遏止了对人的憎恶。对他而言，人是还没有成熟的东西，是原料，是需要琢磨的丑陋石块。

　　不再欲求，不再评价，不再创造：啊，那极度的衰弱，也许远离我。

　　同时，在认识活动中，我只感到我意志的生殖及其产生的快乐。

如果我知识中有纯真的话，那是因为其中有生殖意志的缘故。

远离上帝及诸神，这个意志确曾引诱着我。

如果有诸神，那么，我们要创造什么！

但是，我热烈的创造意志永远驱使我重新做人。

它这样驱使锤子敲打石块。

呀，你们这些人类，为我在石块中藏着一个形象，我幻想的形象！

呀，它应该藏在最坚硬、最丑陋的石块中，

现在，我向着它的囚徒，无情地舞动我的锤子。

碎片从石块中飞出，对我来讲，那是什么东西？

我要完成它。

因为，一个影子向我而来，

一切事物中最寂静和最轻快的东西曾经向我而来。

超人的美貌，像影子一样向我而来。

呀，我的同道们！

诸神对我有什么价值。

用斜体的一行字，提示了最后的观察。锤子的坚硬是狄俄尼索斯的毕生工作，而其中一个主要条件，就是纵使在破坏之中，也是快乐的。

"让你自己变得坚强！"这个命令，以及"一切创造者都是坚强的"这个信念，是狄俄尼索斯本质的主要特征。

《善恶的彼岸》／
未来哲学的序曲

　　我在以后几年的工作，尽可能清楚地规划。既然我一生事业中积极部分的工作已经完成了，该轮到消极部分的工作了，这消极部分的工作就是在文字上和行动上从事否定的工作，对以往一切价值的重新估价，一次伟大的战争最后唤起具有决定意义的日子。于是，我必须环顾我的四周去寻找我的同道，寻找那些由于具有力量而在这个破坏工作中有助于我的人们。所以，我一切的著作都像是鱼饵，也许我像任何人一样，非常了解钓鱼之道，但是如果没有钓到什么，不要责怪我，那是因为没有鱼可钓。

　　从所有重要的各方面来说，这本书（1886年）是批评"现代"的，包括对现代科学、现代艺术甚至现代政治的批评，同时指出一些相反形态的人的征兆，这种相反形态的人将尽可能地与现代人不同，将是一种高贵而积极形态的人。从后一个意义来说，本书是供上等人的读物，这个名词比以往具有更多精神的和根本的意义。甚至一个人要接受这个观念，他必须在肉体方面具有足够的勇气和力量，他必须从来不知道恐惧为何物。

所有我们这时代引以为傲的东西，都感到与上述那种形态的人相冲突：它们几乎都是被一种不良的态度看待。这些东西中包括"客观性""对一切受苦者的同情""历史意义"以及对不良嗜好的奴隶性、对细枝末节的屈服与科学的狂热。如果你想一下，这本书是随着《查拉图斯特拉如是说》而来的这个事实，也许你可以猜到，它的产生是归功于那种有关饮食卫生的生活规律了。

过去不得不看遥远东西的眼睛，查拉图斯特拉甚至比沙皇更为远视，现在则不得不集中注意最近的东西，即注意我们所处的时代和环境。在我们所有的格言尤其是形式中，读者将会发现人们有意排斥那些可能产生查拉图斯特拉式的人的本能。强调在形式、目的和保持沉默的技巧方面的精密，以故意的冷酷和残忍方式来处理心理学，这本书想在没有一个温和字眼的情形下展开，所有这些都是激励的。

谁能想到那种必须在查拉图斯特拉身上去寻找善良的消耗，成为必要的消遣呢？从神学的观点来说，请密切注意，因为我很少像神学家一样说话，那是上帝自己，在他一天工作完了之后，以蛇的姿态蜷曲在知识树的根下。就这样，他不再是上帝，他把一切东西造得太美了，魔鬼只是在那第七天结束时上帝在闲散时刻制造的。

《道德的系谱》
一个论战

就表现、目的和意想不到的技巧而言，构成这篇《道德的系谱》的三个论文，也许是曾经所写过的东西中最精彩的东西。你们知道，狄俄尼索斯也是黑暗之神。在每篇论文中，开始的时候，都是故意把人导入迷途，它是冷漠的、科学的，甚至是反常的、故意惹人注意的、故意缄默的。渐渐地，气氛变得不平静；偶然间有一道闪电，从遥远地方发出来单调的隆隆之声，唤起对那非常令人不愉快的事实的注意，直到最后，达到一个强烈的速度继续前进。因此，一切东西都是激烈地奋力向前。最后，在每一种情形下，在可怕的霹雳声中，透过浓浓的乌云，又可以看见一个新的事实。

第一篇论文所讨论的是关于基督教的心理状态。基督教的起源来自于憎恨心理，并不像一般人所想象的是产生于"灵魂"，它主要是一种反抗运动，反抗受高贵价值的支配。

第二篇论文是讨论良心的心理性质。所谓良心，并不像一般人所想象的，是"人心的上帝之声"。良心，实际是一种残忍的本能，当这种残忍的本能不能再向外发泄时，便回过头来对自己发泄。在这里，残忍第一次表现为文化基础中一种最古老最不可缺少的因素。

第三篇论文是对苦行主义者的理想、教士理想的动力来源问题提出答案，尽管事实上这种理想在本质上是有害的，尽管事实上它是一种绝灭和颓废的意志。

答案是：这种理想之所以有力，并不像一般人所想象的，并不是因为教士的背后有上帝在活动，而是因为没有其他更好的代替物，一直到现在，它是唯一的理想，没有其他可与之匹敌的东西。"因为人类期望虚无缥缈的东西总比根本不期望要好。"

主要的困难是，在查拉图斯特拉以前，缺乏一种相反的理想。你们已经了解我的意思。在"对一切价值重新估价"以前，有三个决定性的心理上的建议。本书说明教士的最初心理状态。

《偶像的黄昏》

一

这本不到150页的著作，像一个发出笑声的恶魔，带着令人愉快而又可怕的语气，可以说是一本非常特别的书，这本书在短短数日里写成，以至我不愿说出所费的时间。没有一本书的内容比这本书更丰富，更富于独立性，更富于破坏性，也怀有敌意。如果有人想要约略知道，在我之前，一切事物是如何本末倒置的话，他就可以从阅读这本书开始。本书封面上所说的"偶像"，就是向来被称为真理的一切东西。"偶像的黄昏"，用一般的英语来说，就是指旧的真理接近尾声了。

二

没有任何实在，没有任何"观念性"不曾在本书中接触到（接触！好一个谨慎的委婉说法！）。不但接触到那些永恒偶像，而且接触到那些最近的偶像，也就是那些最衰老的偶像，例如，现代观念。

一阵强风在林中吹过，到处有果子，真理，落在地上。这里有过多的收获，就像丰收的秋天一样，你被那些真理绊倒，甚至有些真理被你踏死，因为它们太多了。但是，你所抓住的那些东西，不再可疑，它们都是具有决定性的。只有我才握有真理的标准：我是唯一的裁决者。似乎在我身上产生了第二意识，似乎我的"意志"投射了一道光线，在那一直走了数世纪的下坡路上。

所谓下坡路，那是过去所谓走向"真理"的道路。一切愚昧的冲动，"最朦胧的希望"，都告终了。严格地说，在我之前，没有人知道真正的道路，没有人知道上坡的道路。只有在我之后，人们才能够再度发现希望、生命事业和走向文化的途径，我就是这条路上快乐的先锋。正因为这个理由，我也是一个天定命运。

三

在我完成这本著作不久，我就带着一种无与伦比的伟大光荣之感去从事"对一切价值重新估价"的艰巨工作。该书的前言诞生于1888年9月3日。那天，当我写完了前言以后，我走进清晨的空气中，恩加丁①山谷把最美的阳光展现在我的眼前，来迎接我。天气晴朗，色彩闪烁，同时北国冰雪与南国温煦之间万象杂陈。

由于洪水的阻延，一直到9月20日，我才离开西尔斯·玛利亚，因此，最后我是这个美妙地方的唯一游客，由于我的感激而给予这个地方一个不朽的名字。在经历一个充满意外事件的旅行以后，9月21日的下午，我到达了都灵。上面所说的意外事件，其中包括一次在柯莫的死里逃生，当我在深夜抵达科莫湖时，那里正在涨水。

都灵，这个唯一适合我的地方，从那个时候开始，我就定居在那里了。我住在那幢春天期间曾经住过的同一公寓，这栋公寓坐落在维阿·阿尔伯特路三段六号，对面是巨大的柏拉佐·卡瑞那诺，维多利奥·伊曼纽就是在这栋公寓里出生；卡罗·阿尔伯特广场以及越过广场以外的终篇乡野丘陵，可以一览无遗。

我毫不犹疑地，没有让我的心片刻驰骋，很快就回到我的著作：只剩下最后一部分没有写好。9月30日，一个伟大胜利的日子，也是我创造的第七天，我悠闲漫步在波河岸边。就在这一天，我写好了

---

① 恩加丁，瑞士境内的一处山谷。

《偶像的黄昏》的前言，我从来没有体验过这样一个秋天，也从来没有想象下述的东西是可能的：一幅无限展开的克劳德·洛兰①的风景画，每天都是无限的完美。

①　克劳德·洛兰（1600—1682），法国风景画家。

《瓦格纳事件》／一个音乐家的问题

一

　　如果一个人要对这篇文章做公平的论断，就应该从音乐的命运中去感受苦痛，正如从外伤受到苦痛一样。当我因音乐的命运而感受苦痛时，究竟受到了什么样的苦痛呢？那是因为音乐已被剥夺了美化世界和肯定的性格，现在已成颓废的音乐，不再是狄俄尼索斯的笛声了。但是，假如一个人觉得产生音乐的缘由，就是他自己存在的缘由，就是他自己感情表露的话：那么，他会发现这篇文章非常温和而谦恭。

　　作为一个老炮手而言，谁能怀疑我能把大炮瞄准瓦格纳？我具有这方面一切决定性的东西，我喜欢过瓦格纳。但毕竟，对一个比一般人较为狡猾精明的"不认识的人"加以攻击，而这个"不认识的人"又是别人不太容易看得出，这是我毕生事业很重要的一部分。

啊！除了一个音乐骗子①以外，还有很多别的"不认识的人"需要我去撕掉他们的假面具，尤其是，我必须攻击德国人，因为他们在精神事务方面，不断地变得更懦弱，而在本性方面，则不断地变得更贫乏，也更"老实"。德国人以很大的胃口，把一切矛盾集于一身，把"信仰"与科学，基督教的博爱与反闪族主义，权力意志（建立一个帝国的意志）与谦卑的福音等，一股脑儿狼吞虎咽，吃了个干净。

所有这些，竟没有一点消化不良的迹象：在所有这些矛盾之中，他们不站在任何一边，好一个没有选择的胃口，好一个"不自私"。好一种正义感，将平等权利给予一切人，发现一切东西都是可口的：无疑的，德国人都是理想主义者。

当我最后一次来到德国的时候，我发现德国人的口味，正等同看待瓦格纳和塞京根的吹鼓手。我亲眼看到莱比锡人如何创立李斯特学会，来培育和传播狡猾的教会音乐，以崇敬一个真正的和最德国味道的音乐家，这里所用"德国的"这个字，是就以往的意义而言，即海因里希·邵兹，德国人无疑都是理想主义者。

---

① 卡里奥斯特罗，西西里的大骗子，生于1743年，死于1795年。尼采借此暗指瓦格纳，自从尼采和瓦格纳交恶以来，尼采对瓦格纳改变风格，深恶痛绝。

二

但是，这里没有什么东西可以使我不粗鲁，没有什么东西使我不
告诉德国人一些令人不愉快的事实，除了我，还有谁去做这件事呢？
我是说他们对历史事实不严谨。德国的历史学家们不但完全失去了对
文化进步和文化价值那种广泛的观点，他们不但都是政治的（或教会
的）傀儡，而且他们更诅咒这种广泛的观点，最主要的是一个人必须
先是"德国人"。他必须属于"这个种族"，只有这样，他才能决定
一切历史的价值和价值的缺乏，只有这样，他才能建立它们。

"我是德国人"这句话构成了一个凭证，"而德国重于一切"这
句话则构成了一个原则。德国人代表了历史上的"世界道德秩序"，
在他们与罗马帝国的关系上来说，他们是自由的指导者，在他们与
十八世纪的关系上来说，他们是道德的复兴者，是"无上命令"的复
兴者。恐怕还有一种反闪族史，还有宫廷史，对这种宫廷史，特雷茨
基竟然不感到害羞。近来有一种愚痴的意见，即斯瓦比亚美术家维谢
的理论，把德国报纸的流通，当作每个德国人必须赞同的"真理"。
这就是说："必须把文艺复兴和宗教改革合在一起以构成一个整体，
美的再生和道德的再生。"这些话真使我感到厌烦，我很想告诉德国
人，甚至我觉得我有责任去告诉德国人关于他们内心上早已具有的

东西。

过去四百年来，一切对文化所犯的罪行，都来自他们内心，而且总是基于同样的理由，由于他们在面对现实时的根本怯懦，也就是面对真理时的怯懦。由于那几乎成为他们本能的虚假，由于"理想主义"，德国人剥夺了欧洲的收获，剥夺了欧洲最后伟大时期的意义。文艺复兴：当那些更高价值，当那肯定生命保证未来的价值，在他们拥护者的内心，胜过了那些堕落的价值时，这就是欧洲的收获。可是，马丁·路德，这个要命的修士，正当教会和基督教要倒下去的时候，他不但恢复了教会，更恢复了基督教。

否定生活意志的基督教，居然成为一种宗教，马丁·路德真是一个令人无法忍受的修士，这个修士因为"无法忍受"而攻击教会，但结果却恢复了它，罗马旧教很有理由举行庆祝会以纪念马丁·路德，并为他创作节日戏剧。路德和道德再生！毫无疑问的，德国人都是理想主义者。有两次不同机会，当德国人由于非常大胆和自制而获得一种诚实的、明白的以及完全科学的心灵态度时，他们曾知道如何去发现一条密道以回到旧"理想"、调和真理和理想以及在根本上如何拒绝科学和恢复虚伪的理由。

莱布尼兹和康德，这两个人是欧洲知识良心的累赘！最后，当一个最伟大的天才和意志力量，出现在跨越两个颓废世纪的桥梁上，而这个力量之强大，足以把整个欧洲结合在一起，以构成一个政治和经济单位时，德国人以其独立战争，剥夺了欧洲的意义、伟大的意义，剥夺了拿破仑的生命。因此，他们该对一切由此而产生的结果，一切今天存在的东西负责，对有害于文化的衰弱和愚钝，苦恼着欧洲的民族主义精神病，把欧洲分化为许多小国家以及由此而产生的卑下政治负责。

他们剥夺了欧洲本身的意义和智慧，他们把欧洲带入穷巷，除我以外，有谁知道一条走出穷巷的道路吗？有谁知道一件足以重新结合欧洲各民族的伟大事业吗？

三

最后，为什么我不表示我的怀疑呢？对我个人，也是如此，德国人企图使一个伟大的命运，只产生一个羞怯的小人物。一直到现在，他们与我妥协：我不知道，将来是不是会变得好一点。啊！我多么地想在这里证明一个错误的预言：我的读者和听众早就是俄国人、斯堪的纳维亚人和法国人，他们将永远一样吗？在人类知识史上，代表德国人的，只是一些有问题的人物，他们只产生了一些"不自觉"的骗子。这个称号同样可以适用于费希特、谢林、叔本华、黑格尔和施莱尔马赫，以及康德和莱尼布兹，他们都只是制造面具的人。

德国人绝对没有产生过人类智力史上最诚实的智力，也就是说他们没有产生过超越四千年来欺诈真理的智力，对我而言，"德国的智力"是一种令人厌恶的空气，近乎接近那种现已成为本能的心理上的不洁净。在所言所行中，这种不洁净把德国人的性格显示出来了，我就会感到呼吸困难。他们不能像法国人一样，一个拉罗斯福哥，一个笛卡尔，就比德国人当中第一流思想家诚实千百倍，他们绝不能忍受十七世纪那种强烈的自我省察，一直到现在，他们都没有产生一个心理学家。但是，心理学是一个种族洁净与否的测量标准。

如果一个人不洁净，他怎么能够有深度呢？德国人像女人一样，我们绝不能探寻他们的内心深处，他们没有深度，甚至连肤浅都谈不上。在德国，所谓"有深度的"就是这种对自我的本能的不洁净，我们刚才已经说到过这一点，他们不会明白他们自己的本性。我们不可以把"德国的"这三个字当作一个普通形容词，以表示这种心理上的腐败吗？例如，德皇现在宣称解放非洲黑人，是他作为基督徒的一种义务。

在我们这些优秀的欧洲人当中，这句话就可以被称为"德国的"。德国人曾经产生过一本具有深度的书吗？他们根本不知道什么东西构成深度。我知道好多学者们把康德当作有深度的。恐怕在普鲁士官廷里，特雷茨基是有深度的。当我偶然赞美司汤达是一个有深度的心理学家时，在德国大学教授当中，我常常不得不为他们吃力地讲出他的名字。

为什么我不继续进行到最后呢？我喜欢承认一切东西。甚至被人们视为一个卓越的轻视德国者，也是我的一部分野心。在我26岁的时候，我早就表示过我对德国人性格的怀疑（请看《不合时宜的思想》第三部分），德国人使我无法忍受，每当我要想到一个不合我本性的人时，我总会想到德国人。

我对人的第一个考验是看他内心有没有一种距离感，看他是否看到了人与人之间的阶级、等级和秩序，看他能否区别人和人的高低，因为这是构成一位君子所必需的东西。否则，他必然是属于那种赤裸的和非常温顺的一种人，即贱民，但德国人都是贱民，因为他们都太温顺了，如果一个人与德国人交往，就会把他自己贬低了。德国人把所有的人都放在一个相等的基础上。如果把我与少数艺术家，尤其是瓦格纳的相处除开，我可以说我没有与德国人消磨过一个愉快的时刻。如果数世纪以来最深刻的精神要在德国人当中出现的话，那么，某些救世主义者会确切地宣称，他自己丑恶的灵魂，至少也一样伟大。

我不能忍受这个民族，你跟这个种族的人总处得不好，这个民族不喜欢与众不同的人。但是，天哪，我就是一个与众不同的人。他们的双脚没有精神，因而甚至不能走路。因为德国人根本就没有脚，他们只有腿。德国人也不知道他们自己多么丑恶，这一点本身就是他们丑恶的极致，他们不曾因为只是德国人而感到羞耻过。

他们对任何事都想置喙，他们认为自己适于解决一切事物，恐怕他们甚至会评判关于我的事情，我的一生就是这一点的证明。在他们当中，我没有发现过对我有任何一种圆通优雅的表示。在犹太人当中，我曾发现过这点，但在德国人当中，却从来没有发现过。我的本性是要对所有的人温和而仁慈，我有理由不划出区别界线，但是这点并没有蒙蔽我的眼睛。

我没有把任何人除外，更没有把我所有的朋友除外，我只能希望，这一点没有破坏我对他们具有仁慈态度的那种名声。有五六件我一向视为光荣的事情，然而事实上很多年以来，我差不多把每一封我所接到的信，都看作一种嘲弄。因为，在一种善意待我的态度中比任何怨恨的态度中，有更多的嘲弄意味。我坦白地告诉我每一个朋友说，他们从不认为我的任何一本著作有费心研究的价值。

从某些细微的迹象来看，我可以猜到，他们甚至根本不知道我著作的内容。至于我的《查拉图斯特拉如是说》一书，我的朋友们，除了在其中发现一种难以说明的傲慢以外，是不是还能发现别的东西？

过了十年，可是还没有人觉得他应该维护我的名字以对抗那不合理的沉默，我的名字被埋没在这种不合理的沉默之中。

有个外国人，一个丹麦人，第一次表现出充分本能上的敏锐和勇气来做这件事，他渐渐地埋怨我所谓的朋友们了。今天，有哪一个德国大学能像布兰德斯博士，去年在哥本哈根所做的演讲一样，来讲授我的哲学以证明他是心理学家呢？

我自己对这点绝不感到苦恼。因为凡是必然的东西，都不会使我不快。对命运之爱是我天生的本性。但是，这并不能使我不喜欢嘲讽。因此，大约在我那颠倒乾坤的《对一切价值重新估价》一书发出毁灭性的霹雳之前两年，我把我的《瓦格纳事件》一书公之于世。德国人想要完全误解我以使他们自己永垂不朽。

一 ⟶ 为什么我是命运

一

我知道自己的命运。总有一天，我的名字将会和那些对可怕事物的回忆连在一起，将会和那前所未有的危机、那最深刻的良心冲突以及对那些一直被人们信仰、需要和视为神圣而崇敬的事物的咒骂连在一起。我不是一个普通的人，我是炸药。但是，尽管如此，在我的思想里并没有任何东西暗示我是某种宗教的创立者。

宗教是群众的事情，可是我不同，当我与信教的人接触以后，我总要洗手的，我不需要任何"信徒"，我想，即使去信仰我自己，我也会感到非常讨厌。我从来不对群众宣讲什么。我很怕有一天我会被别人称为"神圣的"。你可以很容易地想到，为什么我预先出版这部书，这是为了免得人们冤枉我。

我不希望做一个圣者，我宁愿做一个粗鲁笨拙而无知识的人。也许我就是这样一个人。但是尽管如此，或者尽管不是如此，因为从来没有比圣者更为虚伪的人，我是真理之声。不过，我所说的真理是可怕的。因为到目前为止，谎言是被称为真理的。

对一切价值重新估价，那就是我对人类最高的自我肯定活动的公式，对我而言，这个公式已成为具体生命了。我的命运注定了我将是第一个可敬的人，注定了我将感到我是与长久以来的虚伪对立的。我是第一个发现真理的人，我是第一个由于发觉虚伪之为虚伪而发现真理的人。

我嗅出它是如此的，我的天才在我的鼻孔之间。我是一个矛盾的人，以往任何人没有像我这样矛盾过，然而我绝不是一个消极的人。我是一个在历史上无与伦比充满着喜悦的先驱者。我认识那些前人所想象不到的光辉事业。由于我而重新产生了希望。因此，我必然是一个关系命运的人。

因为当真理与长久以来的虚伪相斗争时，我们可以料想到，一定有许多震撼和地震以及高山峡谷的重新组合，这些事情是我们现在还没有梦想到的。因此，"政治活动"这个概念，便被整个地提升到精神战争的领域中去。旧社会一切有力的制度都被吹到太空中去，因为它们都是建筑在虚伪上的；将来会有许多战争，而这类战争，以往在这世界上是从来没有见过的。

一种规模雄壮的政治活动，将会自我开始。

二

当这种命运变得具体以后，你们需要一种公式吗？它包含在我的《查拉图斯特拉如是说》中，要成为创造善恶的人，首先就必须成为一个破坏者，粉碎一切价值。

因此，最大的恶属于最大的善，但这是具有创造力的善。

我是所有人类中最可怕的人。但是，这一点并没有否定一个事实，那就是我将是最有益的人。我知道"灭绝"的快乐，而这种快乐所达到的程度，是与我的灭绝力量相当的。在两种情形之下，我都服从我的狄俄尼索斯本性，这种狄俄尼索斯本性不能把消极的行为与肯定分开。我是第一个反道德者，因此，我是根本的破坏者。

三

没有人问过我，在我口里，在第一个反道德者口里所说的"查拉图斯特拉"这个名字到底是什么意思。人们应该这样问我，因为使这个波斯人在历史上与众不同的是下述事实，他是一个正好与此相反的人。查拉图斯特拉是第一个在善恶斗争中看见万物运行的主要循环的人。他的工作是把道德变为形而上学，如第一因素——目的。但是，这个问题早已暗示了它自身发生的方式。查拉图斯特拉创造了这个最不幸的错误——道德。因此，他一定是第一个承认道德就是错误的人。

不仅因为他对这个题目比任何其他思想家曾有较长和较多的经

验，整个历史实际上都是对所谓道德世界秩序这个理论的一种试验性的反驳。更重要的是，查拉图斯特拉比任何其他思想家更为诚实。他的教训，也唯有他的教训，把真实性视为最高的美德，也就是说，把真实性视为与那些一见现实就逃避的"理想主义者"的懦弱正好相反。

所有其他思想家合在一起，也没有查拉图斯特拉勇敢。老实而坦白地说，这些就是这个波斯人的美德。你们了解吗？道德本身的缺陷，透过真实性去看道德的缺陷，在其反对者眼中，在我眼中，去看道德家的缺陷，那就是我口里所说查拉图斯特拉这个名字的意义。

四

从根本上来说，在反道德这个名词含有两种否定。

第一，我否定以往被称为最高者那种形态的人，即善良的、仁慈的、宽厚的人；

第二，我否定普遍承认所谓道德本身的那种道德，即颓废的道德，或者用温和一点的名词来说，叫基督教的道德。

我认为第二种否定更具有决定性，我早就觉得，高估善良和仁慈的价值是颓废的结果，是柔弱的象征，不适合一种高扬而肯定的生命。否定和灭绝是肯定态度的条件。

现在让我们暂时停下来，来讨论一下善良者的心理状态问题。为了评判任何形态人的价值，我们必须估计维持这个人生存所付的代价，我们必须知道他存在的条件。善良者的存在条件是虚伪，就是不愿知道现实是如何构成的。把一切痛苦视为障碍和必须破坏的东西，完全是一种愚蠢的行为。

总而言之，它的结果是有害的，是一种不幸的愚痴，也许几乎就像由于可怜穷人而想去掉坏天气一样的疯癫。在宇宙伟大的经济中，现实的恐怖，表现于激情、各种欲望、权力意志中，远比那种所谓"善良"者更为重要。如果给后者以任何地位的话，那完全是一种滥用，因为这是与本能的错误运用连在一起的。

我将有适当机会向历史表明这种乐观主义的可怕结果，这种乐观者的不幸后果。查拉图斯特拉是第一个知道乐观主义者正如悲观主义者一样堕落，也许会成为有害的人。他说："善良的人们从来不说真话。善良者教你们走向错误的海岸和港湾。你们生长在善良者的谎话中。由于善良者，所有事物都已变得虚伪，而且歪曲事实。"

然而，这个世界并非建筑在那些善良的群众动物赖以寻找他们微不足道的幸福的本能上面。要求每个人都成为"善良的人"、合群的动物、蓝眼、仁慈、"美的灵魂"，或者，像赫伯特·斯宾塞所希望的，一个利他主义者，那就等于剥夺人类最伟大的性格，那就等于分割人类而将其变为一个可怜的东西。

这就是人们所企望的！人们所说的"道德"就是这个。在这个意义之下，现在查拉图斯特拉称"善良者"为"最后的人们"，也就是"完结的开始"，最重要的，他把他们当作最有害的一种人，因为他们的存在而牺牲了真理和未来。

> 善良者，他们不能创造，
> 他们永远是完结的开始。
> 他们虐待创造新价值的人，
> 他们为了自己而牺牲未来，
> 他们牺牲整个人类的未来！
> 善良者，他们永远是完结的开始。
> 那些谋害世界者所能带来的任何损害，
> 善良者的损害是一切损害中最不幸的损害。

五

因此，查拉图斯特拉——这个最了解善良者之心理状态的人，就是恶人的朋友。当一个堕落的人要爬到最高阶层的时候，他唯有牺牲相反类型的人，唯有牺牲那些把握生命的强者，才能达到这个目的。当群氓动物以最纯粹的美德之光而照耀时，特出者一定会被贬为邪恶的人。当虚伪不惜任何代价而坚持宣告"真理"这个字为其"世界展望"时，那么，真正诚实的人便要在最坏的人中去找。

在这里，查拉图斯特拉是非常率直的。他说，正是这种善良者的知识，正是这种所谓"最好的人"的知识，使他对人们极端憎恶。由于这种怨恨的感情，他长出了翅膀以飞向遥远的未来。他告诉我们一个事实，就是这种类型的人与"善良的"人相比时，可以说是超越人类的，并且告诉我们，善良者和正义者将会称他的超人为恶魔。

高等的人们，现在我的目光落在你们身上，我不知道你们是不是在我心里复活，这是我的窃窃笑声。我想，你们会称呼我的超人为恶魔！在你们的灵魂中，你们对一切伟大的东西是如此陌生，以致在你们眼里，由于他的优异而觉得超人是可怕的。

人们必须从这一段话中去了解查拉图斯特拉所希望达到的目标，他所设想的一类人，能够知道现实的本来面目。他的坚强足以使他这样做，他没有离开现实，他本身就是现实，在他身上，可以找到现实的一切疑惑和恐惧。唯有如此，人才能具有伟大的潜能和伟大的现实。

六

但是，我还从另一个意义上，去选择"反道德者"这个名称作为辨识的象征。我拥有这个使我高扬在一切人类之上的名字，非常引以为傲。一直到现在为止，还没有人感到基督教的道德是有损他的尊严的。要想这样做，人们必须具有前所未有的高度、远见和深邃的内心深度。

一直到现在，基督教的道德是所有思想家的巫婆①，他们却愿意帮助她。在我之前，有什么人曾经走进过那些发出这种理想之毒气，这种谋杀世界之毒气的洞穴呢？在我之前，有什么人甚至敢于怀疑它们是洞穴呢？在我之前，哪一位哲学家是真正的心理学家，而不是它的反面"高级骗子"和"理想主义者"呢？

在我之前，根本没有心理学。做第一个心理学家，可能是一种祸端。但是，它是命运：因为，凡是作为第一的人，他也可以轻视别人。我的危险，在于对人类的厌恶。

---

① 巫婆，指赛斯，荷马史诗《奥德赛》中，使人变成猪的女巫。

七

你们了解过我吗？能够显出我特色的东西，能够使我与其他人类不同的东西，乃是下述事实，就是我撕下了基督教道德的面具。因为这个理由，我需要一个含有普遍挑战观念的字眼。我觉得以往没有看到这些东西，是人类良心上最大不洁的象征，是本能化的自欺，是漠视一切现象、一切原因、一切现实的根本欲念。事实上，它是一个几近罪行的心理欺骗。

对基督教的盲目是主要的罪行，这是违反生命的罪行。除了历史上五六个例外（我自己是第七个例外），各时代和各民族，最早的和最近的，哲学家们和老妇们都是有罪的。基督教道德是一种最有害的虚伪意志，是使人类腐化的真正巫婆。它不是那种激怒着我的错误，它不是在基督教道德笼罩下，一种长久不断的"善意"、熏陶、庄重，以及精神上勇气的缺乏，它是人性的欠缺，它是一个非常可怕的事实，凡是非自然的东西，都被接受而作为道德的最高荣誉，都是悬诸人类之前以作为无上命令的法则。

试以整个人类的立场而不以一个民族、个人的立场，去想一想这样子的盲动妄进吧；教人轻视原始的生命本能，欺骗地创造一个灵魂、一个"精神"以压倒肉体；教人在生命主要的东西中，在人性中去发现不洁；教人在谋求扩展的深切需要中，去寻求邪恶原则，也就是说，在强有力的自爱中去寻求邪恶原则，而以相反的方式去看较高的道德价值。但是，我在说些什么呢？我是指在典型的没落象征，"无我"观念里对本能的敌对，丧失精神稳定物，"客观性"以及"友爱"中的道德价值本身。

怎么，人类本身是在颓废状态中吗？它经常是如此的吗？有一件事情是确定的，那就是你们一直只知道颓废价值是最高的价值。其实自我牺牲的道德，在本质上是堕落的道德："我在变坏"这个事实被变为"你们都应变坏"这个道德命令，并且不仅变为道德命令。

这种自我牺牲的道德，这种向来唯一被宣扬的道德，表现出一种虚无意志，这是对生命的根本否定。这里有一个可能，就是说并非人类堕落，而是那种寄生者——教士，他们打着道德幌子来说谎，以使自己变为价值的决定者，并在基督教的道德中找到他们获得权力的道路。事实上，这就是我的看法。

人类的导师和领导者们，包括神学家，每一个人都是颓废者。因此，他们把一切价值都变为对生命的敌视。因此，便产生了所谓道德。下面就是道德的定义，道德是所有颓废者心理上的特质，是被一种不断对生命采取敌视态度的欲望所激起的。我对这个定义赋予最高的价值。

八

你们了解过我吗？我所说的每一句话，早在五年前，借查拉图斯特拉的口就说过了。撕破基督教道德的面具，是一件非比寻常的事，是一个真正的大变动。认识这件事的人，也是一个非常的人，是一个命运，他把人类历史剖分为二。人不是活在他之前，就是活在他之后。光辉的真理，正击向居于最高地位的东西。凡是了解那时已被破坏的东西的人，应该注意去看看，在他的手里是不是还握有什么东西。

一向被称为真理的东西，现在都被认为是最有害的、怀恨的和隐藏的一种虚伪。神圣的借口，人类的“进步”被认为是吸干生命之血的诈术。道德，被视为吸人之血的恶魔，撕破道德面具的人，同时也撕破了人们所相信或曾相信的不值得相信的各种价值的面具。在那些最被尊敬的人当中，他看不到任何值得视之为荣耀的东西，即使在那些被认为神圣的人当中，也是如此。在他们当中，他所看到的，只是一种最不幸的腐败，我之所以说它是不幸的，是因为它们迷惑人类。

　　"上帝"这个概念是被发明用来作为生命的敌对概念，也就是把一切有害的、有毒的、恶毒的东西，所有生命的死敌，都容纳在一个可怕的概念里。"来世"和"真实世界"这些概念，是被发明来贬低那唯一存在者的价值，是为了不让任何目的、任何意义、任何事业留给我们地上的现实世界。

　　"灵魂""精神"这些概念，尤其是"不朽灵魂"这个概念，是被发明来蔑视肉体，使它变为病弱和"神圣的"，来轻视生命中那些真正值得重视的东西，以及那些关于营养、居住、精神食粮、病者照顾、清洁和天气等问题。我们所发现的是灵魂的拯救，而不是健康，换言之，是在悔罪的心理震动和赎罪的歇斯底里之间的循环精神错乱。

　　"罪恶"及其有关的刑具，"自由意志"等概念是被发明用来把我们的本能带到错误的道路上，是把我们对它的误解当作人类第二天性！在"无我"和"自我否定"的概念中，颓废的象征显现出来了。有害事物的诱惑，对真正需要的无能发现以及自我毁灭，变为价值，变为"义务""神圣"和人的"神性"了。

　　最后，在一切中最可怕的，所谓善良者这个观念，渐渐变成了意指一切柔弱、病态、祸害和自苦的东西，意指一切应该消灭的东西。淘汰律受到阻碍了，创造了一种理想以对抗光荣而幸运的人，以对抗积极的人，以对抗能够把握未来的人，以对抗能够保证未来的人，这种人因此而被称为邪恶的。而人们竟然认为所有这些就是道德！

九

你们了解过我吗？——狄俄尼索斯

 附录

附录1：尼采的天鹅之歌

吾毕生唯喜读以血书之者——尼采

一

尼采与克尔恺郭尔同为当代存在主义哲学的先驱，十九世纪时，几乎没有人懂得他思想的意义，可是，到了二十世纪，世人开始认识他的价值了。正如雅斯贝斯所说："克尔恺郭尔与尼采的存在意义增加时，才有现代思想倾向的特色。"我们可以说尼采是进入二十世纪才大放异彩的思想家，现在请看这位二十世纪大思想家的现身说法吧：

这是一部别开生面的传记作品，尼采以自嘲的态度，用彼拉多指着十字架上的耶稣所说的话来作为他自传的名称。从这本书的内容来看，与其说它是一部自传，不如说它是尼采的思想历程史，在这本书里，虽然也有生活方面的片断记载，但大部分是记述他重要著作的概要以及心灵创造的过程。

这本书是尼采在他44岁生日的第二天开始执笔写作的，三个星期之后，全书完成，经过几度修改以后，于1888年12月6日，大功告成。像他自己在本书开头所说的，他赞美自己富于创造力的44岁盛年，更祝福他的一生，等他完成了这本自述书，跟着便进入了疯狂时期。现在想起来，他好像预感到有这件事一样，把他一生的思想精髓都摆进这本书里。这本书可以说是尼采散文中最后的天鹅之歌。在尼采极富悲剧韵味的一生中，这本书完成前后所发生的事，尤具悲剧性。

在这本书的正标题旁边，还有副标题：人性的，太人性的。它的意思表示，这本书是一部阐述尼采之所以为尼采的书。我们可以说，在所有人中，像尼采这种个性鲜明的人不多见。我们也可以说，在所有被称为自传这类作品中，也没有像这本书这样的奇特。本书不是传统式的按着顺序加以叙述。他以最大胆的、奔放的、极端的、直接的方式叙述着他自己。

他叙述自己的方式表现出他特殊的个性。但这本书不只是用奇突的语句而已，在他狂语的背后，有他可爱的天真之处，在他咒骂的背后，充满着敦厚的人情。例如，他曾攻击过瓦格纳，但他对瓦格纳始终保持着永久的爱心。这在本书中《瓦格纳事件》一章可以看出。在他放任自负的背后，却有着无法填补的落寞孤寂之感。总而言之，他是一个最像人的人。虽然，在这本书中，有些奇突的、病态的东西，但却是他对自己做的最正直而毫无虚饰的表白。

即使我们一再地重读这本书，仍然会感到趣味盎然，并且会为我们带来前所未有新的喜悦。尼采是一个天才，但在我们的感觉上，他没有一般才子的气息，也没有自视不凡的地方。他所说的话，不管怎么奇怪，怎么突兀，听起来似乎夸张，却没有超出他自己真正的感受，他只是把他所体验到的，所思考到的东西，用真挚、正直、活泼直接地表现出来。他没有一点虚伪，没有一点浮夸，总是带着诚实的态度，使我们触及那些不易触及的东西。

这本书在记述上也许不够精细，但他对自己所做的解释，胜过任何别人对他的解释，只要读过这本书的人，对他的一生、他的事业、他的抱负、他的思想，都会有完全明确的了解。他对自己所做的解释，对一般文化、基督教、哲学、艺术、德国人以及德国文化气质所做的批判，虽然都是极端性的，却有着非常锐利而深刻的一面。

二

尼采于1844年10月15日，出生于莱比锡附近的小村。他的父亲是新教牧师。他是家中的长子，20岁时，毕业于普夫达高等学校后就进入波恩大学研究神学和古典语言学，这时，他最崇敬里奇尔教授，便在里奇尔的指导之下，从事研究工作，第二年即1865年，随里奇尔教授转学莱比锡大学，继续研究古典语言学。这一年，他第一次获知叔本华的主要著作《作为意志和表象的世界》，开始受叔本华悲观主义哲学的影响。

1868年，经里奇尔夫人的介绍，结识瓦格纳，尼采热衷于他的音乐。第二年即他25岁时，里奇尔推荐他就任巴塞尔大学古典语言学助教，1879年，因病辞去巴塞尔大学教席，尼采开始他的流浪生活，浪迹十年之间，病势日益加剧，终于1888年末，发生精神错乱的病征，此后即度过连续十年以上的精神病生活，1900年8月25日，病逝于魏玛。

三

纵观尼采一生思想的发展，可以分为三个时期，与尼采曾有恋情的莎乐美在其《尼采论》中，曾经提到这个"三阶段说"。尼采自己在其著作中，也说过所谓接触道德超越的途程分为三种精神形态的话。这里所谓精神三形态，即指虔敬、服从而学习的精神，破坏、批判而试作对价值重新估价的自由精神以及肯定、创造地对命运之爱的精神，他的主要著作《查拉图斯特拉如是说》的第一部中《三种变形》章里，也有"骆驼／狮子／孩童"的精神发展论。

以上述的标准加以区分，尼采思想的展开，可以分前、中、后三个时期：

前期（1869—1875），在古代希腊悲剧和哲学的研究中，深受叔本华和瓦格纳影响的时期。在这个时期，他发表了《悲剧的诞生》（1872）和《不合时宜的思想》等书。

中期（1876—1882），超越叔本华与瓦格纳，向着怀疑和虚无主义突进的精神彷徨时期。在这个时期，他发表了《人性的，太人性的》（1876—1879）、《曙光》（1880—1881）和《快乐的知识》（1881—1882）前四部分等书。

后期（1881—1888），透过与虚无主义的对立，其主要思想渐次充实展开，是向疯狂中突进的时期。这个时期的作品是《查拉图斯特拉如是说》（1883—1885）、《善恶的彼岸》（1884—1885）、《道德的系谱》（1887）、《快乐的知识》（第五部分，1887）、《偶像的黄昏》（1888）、《反基督》（1888）以及《瞧！这个人》（1888，即本书）等。死后他的妹妹伊丽莎白把他生前著作断片整理成《权力的意志》一书，也是这个时期的作品。

四

我们现在开始看看尼采在各个时期的中心思想。早期的中心观念可以拿《悲剧的诞生》一书的思想做代表。在这部著作中，尼采所提出的是面对存在的悲剧性，希腊人如何凭借悲剧精神以克服悲观厌世的苦闷问题。

尼采对悲剧的认识，独具慧眼，他早年在波恩及莱比锡大学研究古典语言学，即古典希腊语言。这本是一种纯粹学术性的研究工作，可是对于创造灵感丰富的尼采而言，即使这种纯学术的工作，也不能掩盖他的创造意志，所以，尼采与别的从事学术研究者不同，他在这种机械的研究中，发挥高度的创造冲动，他运用他从古典语言学中学来的知识，解释希腊文明。

《悲剧的诞生》一书，就是这种解释的结果。在这本书中，他对希腊悲剧具有独特的看法。他认为早期的希腊人，完全是悲观厌世的，因为在泰坦巨人统治的神话中，希腊人生活在恐惧之中，毫无生命快乐的情调，这个世界，这个人生，给他们带来的只是悲惨的境遇。这种情形，可以从森林智者对弗里吉亚的迈德斯国王所说的一段话中反映出来。

　　当迈德斯国王向森林智者请教什么是人生最好的事时，森林智者原本不想回答，经不起迈德斯国王的追问，最后森林智者叹了一口气说："你们可怜的人类，为什么一定要我说出那些你们最好不要听的话呢？我告诉你们，人类最好的事情是不要出生，既已出生，那么，次好的事情，是快点去世，归于空无。"森林智者的这段话彻底道出了早期希腊人的人生观，这种悲观厌世的人生观直到希腊悲剧产生以后，才转变为充满光辉喜悦的乐观主义的人生观。

　　而所谓的希腊悲剧，尼采认为是由两种成分组成的，即阿波罗情态和狄俄尼索斯情态。阿波罗情态代表静穆的美，一切造型艺术，如雕刻、绘画以及用冷静的理智来观照世界的态度，都是这种情态的表现。狄俄尼索斯情态则代表生命的力，一切非造型艺术，如音乐、舞蹈等都是这种情态的表现。阿波罗是希腊神话中的太阳神，狄俄尼索斯是希腊神话中的酒神，尼采借这两个神的名字，代表发自人性根本处的两种情态，这两种情态，虽然都是发自人性的根本，可是，起初并没有相交在一起，而是平行地发展。

　　荷马史诗是阿波罗艺术的极致，阿基洛卡斯的抒情诗则是狄俄尼索斯艺术的最高形态。当这两种艺术形态各自展现的时候，还不曾达到艺术的巅峰，直到这两种情态合二为一，也就是美与力合二为一，才达到整个艺术的最高形态。这个最高的艺术形态，便是希腊悲剧。

由于梦幻的美的艺术世界与生命的旋律相结合，从此，阿波罗情态激发生命的力量，而狄俄尼索斯情态则唤起梦幻的美。希腊人透过这种悲剧精神，净化世界，美化人生，使原先悲观的生命情调，变为喜悦光辉的生命情调。灿烂的希腊文化便由此而产生。

正当希腊文化充满着生命力的时候，却产生了一个苏格拉底。苏格拉底哲学扬弃了希腊悲剧中的狄俄尼索斯精神，只发扬阿波罗以冷静理智静观世界的精神。这里，我们可以看出尼采对希腊哲学的独特看法，他认为苏格拉底是一位颓废的哲学家。由于苏格拉底的出现，从希腊悲剧中产生的希腊文化，便因而中断，此后，希腊文化中的生命力便消失了，苏格拉底以后的西方文化，完全是没有血色的文化，后来，再加上基督教神学的摧残，西方文化完全是贫血的弱者文化。

正当尼采叹息西方文化堕落的时候，他发现了叔本华哲学，这给他带来很大的鼓舞。大家都知道，世人认为叔本华是悲观主义哲学家，而尼采却是肯定生命力量的，尼采怎么能够在叔本华哲学中得到慰藉呢？这里是另有原因的，当叔本华的睿智深入表象世界的背后，洞察了意志力量以后，怎能不叫尼采欢欣雀跃呢？所以当尼采偶然发现叔本华的《作为意志和表象的世界》一书的时候，他花了两个礼拜的时间，废寝忘食地把它读完，这个时候，他完全沉醉于叔本华哲学中。这个时候的尼采，很像希腊神话中的迈德斯国王，叔本华则像那个森林智者，可是，尼采毕竟是尼采，他并没有停留在叔本华哲学，他崇拜过叔本华，也摆脱了叔本华。

我们知道，悲观主义并不可怕，可怕的是沉沦在悲观主义里而不能自拔。如果一个人能够经过悲观主义阶段而又从其中跳出来的话，那么，他对人世的体验，会远比那些肤浅的乐观主义者更深刻，尼采就是这种人。当他发现叔本华的睿智，看透了世界的真相，他的确曾沉湎于叔本华哲学，可是，他又能够从叔本华悲观主义里面跳出来，重新肯定生命的价值和意义，因而成为他自己所谓的悲剧哲学家。

当他从叔本华悲观主义里跳出来以后，他发现了瓦格纳。在尼采的心目中，瓦格纳简直是狄俄尼索斯的化身。他从瓦格纳的诗乐剧里，发现狄俄尼索斯的精神，也就是力与美的合一，梦幻的静美与生命旋律的结合。沉睡了两千年的狄俄尼索斯精神，在瓦格纳身上复活了。这个时期，瓦格纳可以说是尼采心目中的偶像，可是，曾几何时，这个偶像又幻灭了。当第一届拜罗伊特音乐节的时候，尼采开始写作他的《人性的，太人性的》一书，从这个时候起，他对瓦格纳失望了。

他说，任何人，只要心中具有他那个时候的观念，一旦在拜罗伊特醒悟时，就可以想象他当时的感觉，他说，他好像一直在做梦，他几乎不认识瓦格纳了。当他写完了《人性的，太人性的》一书以后，他把这本书送去拜罗伊特，同时，尼采也收到了瓦格纳的《帕西法尔》，并且亲笔写着：教会参事官理查德·瓦格纳，送给他亲爱的朋友尼采。在这两部作品的互赠中，尼采似乎闻到了一种不祥的预兆，好像两把剑碰在一起时发出的声音一样。尼采叹息瓦格纳竟然成了宗教的虔诚者。在瓦格纳身上再也看不出狄俄尼索斯的踪迹，瓦格纳再也不是希腊悲剧精神的化身了。至此，尼采想从瓦格纳音乐中找寻叔本华哲学出路的梦想破灭了，此后，两人便分道扬镳。对瓦格纳的期望幻灭以后，尼采似乎无所寄托，他的精神彷徨了一段时间。这个时期是他思想展开的中期，也就是他的破坏时期。

五

越过叔本华和瓦格纳的中期思想结晶，除了上述引发他与瓦格纳分手的《人性的，太人性的》一书以外，主要的是《曙光》和《快乐的知识》。《曙光》一书是尼采在意大利北部名城热那亚海边完成的。这本书的基本思想是他躺在海边岩石上思索出来的。在这本书中，他攻击那些一向自诩"道德"的无我观念，他开始反对那种自我牺牲的道德斗争，也就是反对抽象的人，他要我们做一个具体的有血有肉的人。

书中一开始，就写上一句印度格言："还有那么多的黎明，等着去散播它们的光明。"现在尼采问，这句格言的作者，到什么地方去找寻新的早晨呢？到什么地方找寻新的一天开始时鲜红的朝阳呢？他自己回答着说，要在对一切价值的重新估价中去找，要在对一切道德价值的解放中去找，要在对一切以往被禁止、被轻视和被咒骂的信心中去找。他说，现在他的最大工作是替人类准备一个伟大自觉的时机。

他认为，以往人类并没有走上他们所愿意走的正确道路。他们完全处在一种否定、堕落和颓废价值的支配之下，因此，他觉得道德价值的起源问题是一个最重要的问题，因为它是决定人类未来命运的关键所在。以往，要我们相信，我们人类处在一种最好的情形下，圣经可以作为我们神圣的指南。其实，人类处在最坏的情形下，人类一向被那些吸血者，被虚伪贪婪的教士所支配。我们要改变这种情形，要摆脱这种情形，《曙光》这本书，就是开始这个改变和摆脱的活动。

尼采在自传中说，要建设新的价值，就必须破坏一切旧的价值，这个时期的尼采，完全在从事破坏工作。他开始对一切价值重做估价，扫荡一切基督教的道德观念，他认为基督教的道德观念，不但是颓废的道德观念，而且是一切新价值的障碍，不扫荡这些颓废价值，便无法建立新的价值，所以，他大肆破坏。我们可以说，这个时期的尼采，是摆脱了叔本华和瓦格纳而向着怀疑和虚无主义出发的。

我们知道，虚无主义有两条出路，不是走向自我毁灭的颓废道路，便是从破坏中突出而走向诉诸行动的创造活动。我们也知道，俄国在大革命以前，是充满着虚无主义气息的，这点我们可以从屠格涅夫等人的小说中看出来。布尔什维克党人列宁早年也是一个虚无主义者，可是俄国的虚无主义，终于导致俄国的大革命，所以，虚无主义并不可怕，问题是如何面对虚无主义。现在，我们来看尼采如何面对虚无主义。对虚无主义的超越，是尼采后期思想的中心所在。

六

经过怀疑和虚无主义的破坏阶段以后，尼采终于发现了自己，他的主要思想内容渐次充实而展开。这个时期的作品很多，其中最重要的，也是他思想的结晶：《查拉图斯特拉如是说》。这本书的基本观念——永恒轮回，是在1881年8月间形成的。尼采在自传中描写过获得这个观念的经过。

1881年8月间的某一天，他正在西尔瓦波拉纳湖边森林中漫步的时候，突然间获得了这个观念。不过，在这一天的两个月以前，他曾发现过一个前兆，就是他在爱好方面有一个突然而深刻的转变，尤其在音乐方面。他说，也许整个《查拉图斯特拉如是说》都可以视之为音乐。他相信，在创作《查拉图斯特拉如是说》的许多条件中之一，就是他在听觉艺术方面的再生。

查拉图斯特拉是古代波斯拜火教的教主，尼采选择这个名字作为他的代言人。所谓《查拉图斯特拉如是说》，就是《尼采如是说》。如果我们要了解查拉图斯特拉这个人的特质，我们先要了解他的主要生理状态，也就是尼采所谓"非常健康"的状况。关于这个"非常健康"的观念，他早在《快乐的知识》中就说得非常清楚。他说："我们这些新的、无可称谓以及高深莫测的人，过早地产生一个未经证实的未来！我们需要新的方法以达到新的目的：我们需要一种新的健康，一种更强健、坚忍、勇敢和愉快的健康。"这种健康不仅是一种静态的享有，而且是经常的获取，也必须获取，因为他必须经常消耗它，因此，这些理想的追寻者，也许他们的勇气太过谨慎，以致经常触礁而受到挫伤，但是，他们一再重新获得他们的健康。

在他们面前的，是一个未经发现的园地，是一个充满着美、奇妙、疑问、神性的世界。在他们生存的这块大地上，没有什么东西能够满足他们，然而在他们面前，却有一个伟大的远景，他们的内心，充满燃烧的欲望，他们不能对今天的人类感到满意，"超越今天的人类"成为他们的理想。这种理想不是任何人都能具有的，它只是某一种人的理想，它只是那些生命力旺盛，并且蔑视一直以来被视为神圣、良善、不可侵犯与极受崇敬之物的理想。

因此，查拉图斯特拉说："我在我的四周画上圆圈和神圣界线。那些与我共登绝顶的人，现在更少了。我为自己在更神圣的山中，建造一个山脉。"这位在一切人类中最积极肯定的人，在他所说的每句话中，都充满了矛盾，然而，他身上一切对立的东西，最后都达到一个新的统一。人性中最高尚和最卑下的力量，最愉快和最可怕的力量，永远都是从一个源泉中流出。在查拉图斯特拉之前，没有智慧。唯有查拉图斯特拉的出现，"超人"这个观念，才变成了现实。

人是桥梁，不是目的。桥梁永远是过程，不是归宿。于是，他创造了"权力意志"这一观念，人不断地使自己高扬，不断地否定而超越虚弱的自己，将生命力的勃发，一层层地在自己内在鼓动起生命的创造，将自我超越作为实存的自我创造，以人自己为创造主，让一切价值与意志，由自己的重新创造而使之复生。"超人"观念就是这种超越性的具体化。这不是表示人以外的另一种东西，而是表示着"超越和凌驾"的意义。自我超越的苦斗途程，便是这超人性的实现。

在了解了超人性的意义以后，现在我们再回到前面所说的"永恒轮回"的观念。所谓"永恒轮回"是说这个宇宙永远是重复着那已经存在的东西，没有什么新的东西产生。人类面对着这样一个宇宙，就像一个工人经年累月地面对着一部做同样活动的机器一样，工人面对着这样一部机器，总有一天会感到厌烦，如果人类会感到厌烦的话，那么，人类将永陷于虚无主义的死结中。要摆脱虚无主义的死结，人类唯有勇敢地接受这个命运，不要诅咒命运，而要对它产生一种爱，这就是尼采所谓"对命运的爱"。

唯有勇敢的人，才能面对这个没有意义、没有希望的世界，以自我超越的不息创造活动，充实自己，也替这个原本没有意义的世界，创造意义。唯有勇敢的人，才能肯定这个不幸的命运。这里，我们可以发现，尼采的"对命运之爱"与加缪在《西西弗的神话》里所表达的思想，有异曲同工之妙，说得更正确一点，加缪《西西弗的神话》的主要观念，应该是受尼采思想的启发而来的。

西西弗被判定在冥界推运巨石上山，当他把巨石推到山上的时候，它又滚落下来，第二天，西西弗又从山下把它推到山上，日复一日，他做着同一个工作，而且这个工作永远没有完成的可能。可是加缪说，西西弗应该感到快乐。西西弗应该肯定这个命运，西西弗不应该问巨石能不能被推到山上，只肯定这个推运的过程，这个推运过程的活动，就是生命的意义，所以，西西弗的快乐，是虚无主义的超越，同样，尼采的"命运之爱"就是对虚无主义的超越。

我们可以说，尼采一生的思想都是对虚无主义的超越。他三个时期思想的展开，都可以拿这个观念连贯起来。在《悲剧的诞生》中所提出的问题，是希腊人在面对存在的悲剧时，如何借助悲剧创造克服厌世悲观主义的苦闷问题。而尼采认为厌世主义乃虚无主义的先前状态，因此，《悲剧的诞生》中的问题，根本上也是虚无主义的克服问题。他中期的批判、怀疑和破坏工作，是彻底的虚无主义，"永恒轮回"是这种彻底虚无主义的具体表现。可是，正如陀思妥耶夫斯基小说中主人公的犯罪目的是为了享受忏悔的快乐，同样，尼采的彻底虚无主义，是为了享受超越虚无主义的喜悦。

如果我们说，斯宾诺莎在永恒相下洞察宇宙人生，以理性之光，参悟一种境界，因而过着完全智者的生活。相反，尼采则打破只以人为理性存在的观念，揭发理性主义的流弊，把人类一层层地发掘到非合理的生命根源，因而形成生命哲学的主流。当揭开生命的神秘之幕时，的确曾感受生命的烦恼，可是凭借悲剧意识，又从生命的烦恼中净化出来，重新感受生命的喜悦。当代存在主义哲学的中心课题，就是发掘生命的最深处，因此，我们说尼采是存在主义的先驱。

七

最后，我们来看尼采思想给予后世的影响以及后人对他的误解问题。尼采在自传《瞧！这个人》中早就说过，他知道他的命运，他说，总有一天，人们会把他的名字和那可怕的回忆连在一起，和那前所未有的危机连在一起。他也说过，他不是一个普通的人，他是一束炸药。可是这束炸药不是某个团体的武器，而是炸开虚伪传统的，他不想建立什么信仰，他不想做什么教主，他不需要什么信徒，他只要做"真理之光"，以照破附着在传统之上的一切谎言。可是，纳粹法西斯党却断章取义地利用尼采说过的某些话，作为他们政治目的的哲学基础，歪曲尼采思想使之成为法西斯党的代言人。这完全是法西斯党的曲解，对尼采是一个很大的冤屈。

有人说，与其说尼采思想产生了法西斯党，不如说法西斯党创造了一个尼采。不过，这个被法西斯党创造的尼采，不是本来的尼采，而是被歪曲了的尼采。诚然，他的哲学是强者哲学，他的道德是刚性道德，所谓刚性道德是指勇敢、坚毅、强健等美德，可是其中并没有包含残酷、不仁等罪恶的意味。相反，尼采在思想上虽然强调强者道德，但他一生的行为，却充满了仁慈与同情，只是因为他生理上的脆弱，使他把强健勇敢偶像化，以至成为他的哲学原理。

表面上看起来，他崇拜过拿破仑，好像他轻视一般人，只崇拜天才和英雄人物，其实，拿破仑只是代表他心目中勇者画像的典型，他所轻视的只是那些自甘为群众的人，因为甘为群众的人，把一切价值都平面化，不容许有任何特立独行和差异存在，这种人都是没有个性的人，都是心理上的弱者，他们都缺乏创造力。不过，尼采虽然轻视这种人，但是，他认为一个伟大的人物，应该善待这种贱民，这是伟大人物的责任。由此我们可以知道，他是强调伟大人物的责任感，伟大人物应该造福于他所轻视的贱民，而且，伟大人物为这些贱民造福，并不希望获得任何报偿，只是伟大人物充满了创造力，他生命力的充溢，使他必须散发他的热和光。

我们试看他在《查拉图斯特拉如是说》的序言中如何说吧。

查拉图斯特拉三十岁时离家上山修道。

十年之后，有一天早晨，他对着升起的太阳说：

"伟大的星辰，如果没有你所照耀的人们，你的光有什么意义呢？"

于是查拉图斯特拉下山传道，

> 他要把他的真理之光，在那些堕落的人类中散播，
>
> 使他们走出几千年来价值的迷宫，
>
> 摆脱作为谎言傀儡的命运，重做真正的人。

一个伟大的思想家，对人类必然具有无比的热情，查拉图斯特拉的高峰，虽然荒僻孤寂，然而他的热和光，还是要洒向颓废腐败的人类，可是人类腐化已深，难以挽救。

正如尼采在《查拉图斯特拉如是说》一篇寓言中所说的，当一批预言家、科学家、圣者，来到查拉图斯特拉所居的洞穴时，查拉图斯特拉向他们宣布上帝已死后，就离开了片刻，当他重新回到这些人的地方时，发现他们在向着驴顶礼膜拜。这表示即使人类中的佼佼者如科学家和圣者，也不能一天没有依赖者，所以一旦他们的上帝被宣布死亡，他们就迫不及待地要找一个替代者，一头驴也可以成为他们膜拜的对象，试想这样的人类，不值得这位思想家轻视吗？

自十九世纪实证主义和功利主义的思想风行以来，人类更加积习难返，二十世纪的文化，完全是平面文化，完全是数量文化，即使今天我们最称颂的民主政治，也只是人头政治，以人头的多寡决定政治的动向。其实，人头的多寡怎能判定善恶是非，因为除了极少数的

国家以外，这种多寡的形势，大多是由于金钱和社会势力促成的，所以，表面上看似民主政治，实则社会恶势力政治。这里，我们可以看出尼采的先见。确实，这种空洞的民主政治，远不如知识的贵族政治，至少在知识的贵族政治之下，还能激发人去做一个人，而在现代民主政治之下，却是消除人的个性的。

附录2：一个自我批评的企图

一

本书的基本问题，是一个最重要也是最有趣的问题，而且是一个深刻的个人问题，因此，我们要留意它产生的时间，即从1870年到1871年法德战争的动荡时期。当沃斯战役的霹雳战火扫过整个欧洲的时候，那位计划撰写本书的沉思者以及喜欢探讨难题的人，坐在阿尔卑斯山的一隅，沉潜于难题和默想之中。因此，他非常忧虑，同时也无所忧虑，他写下了他对希腊人所做的沉思默想，即这本精细而难懂的书的要点，这篇误期的序言就为这个要点而写。

几个礼拜以后，他置身于迈茨城中，他的内心还没有丢开关于希腊人和希腊艺术所谓"令人愉快"的那些问题：直到最后，当和平问题正在凡尔赛宫悬而未决的那个月中，他也平和了，慢慢地把战场带来的病体恢复健康，决心探索"从音乐精神而来的悲剧起源"。

音乐吗？音乐和悲剧吗？希腊人和悲剧音乐吗？希腊人和悲观主义的艺术品吗？一个赶上时代的、美好的、被羡慕的、鼓舞生命的，与向来所有民族不同的希腊民族吗？希腊人缺乏悲剧吗？同时，希腊人缺乏艺术吗？为什么，希腊艺术？……

我们能够这样地推测生存的价值问题。

悲观主义必然是没落的象征吗？是衰微、失败、疲惫衰弱本能的象征吗？是像印度人那样的情形吗？是像我们现代人和欧洲人这样的情形吗？是否有一种具有力量的悲观主义？对生存中那些艰苦的、可恨的、邪恶的、值得怀疑的东西，是否有一种理智上的偏爱，也就是说，是否有一种为幸福、富于健康、生命洋溢所带来的趋势呢？是否有一种包含在这种过分生命洋溢中的苦痛呢？是否有一种诱惑性和眼光锐利的勇气，而这种勇气渴求那些可怕的东西就像渴求敌人，值得我们重视的敌人一样呢？

当我们对抗敌人时，从这种对抗中可以测出我们的勇气究竟有多大力量，而从敌人那里，我们的勇气则可以学到所谓"恐惧"到底是什么东西。对于最好、最坚强和最勇敢时代的那些希腊人而言，所谓悲剧的神话到底是什么意义呢？狄俄尼索斯惊人的现象是什么意义呢？从狄俄尼索斯精神中产生的悲剧又是什么意义呢？

再者，导致悲剧消失的苏格拉底哲学，即倾向理论型的人对辩证的自满和愉快又是什么意义呢？这种苏格拉底哲学，不是没落、疲惫和疾病的象征吗？不是失调而不完整的本能的象征吗？而那后期希腊文化中的"乐天精神"，只是一种落日余晖吗？与悲观主义相反，伊壁鸠鲁的意志只是痛苦者的一种预防吗？而科学本身，我们人类的科学，是的，被认为是一种生命的征象，整个科学到底有什么意义？整个科学，往什么地方去，说得更坏一点，从何处来的呢？

也许科学万能主义只是对悲观主义的一种恐惧和逃避？也许是对真理的一种对抗？从道德意义上说，也许是像虚假和懦弱一样的东西？而从非道德的立场来说，也许是一种诡计？啊，苏格拉底，苏格拉底，这是不是你的秘密？噢，神秘的讽刺家，这是不是你的讽刺？

二

从那时候开始，我所探讨的是一种可怕而危险的东西，一个麻烦的问题，虽然不是一个必然困难的问题，但却是一个新的问题。现在，我要说它是一个科学问题，科学初看起来，是有问题的，值得怀疑的。但这本书，这本发泄我年轻时期热情和怀疑的书，只是由早熟而未成熟的个人体验构成的。

从艺术的观点来看，所有这些经验阻塞了可以相通的事物的大门，因为科学问题不能从科学的基础上看出来。也许这是一本给艺术家看的书，它具有一种可以补充这些艺术家的分析和回顾趋势，充满着心理上的创新和艺术家的秘密，暗地里含有一种艺术家的形而上学。它也是一本给年轻人看的书，充满着年轻人的生气和忧郁，它是独立的，甚至当它似乎屈服于某个权威时，它还是挑衅式的自足。

总之，从所有坏的意义上说，它是一本初创的作品：尽管有它的老问题，充满着年轻人的各种错失，尤其充满年轻人的啰唆和狂飙突进。在另一方面，由于它所获得的成功，尤其是它所致力的伟大艺术家方面，像瓦格纳，它是一本标准的书，我的意思是说，在任何情形下，它都是一本能够满足当时最优秀者需要的书。

因此，人们应该对它加以考虑和尊重：但是，我并不完全隐瞒，它在我心中引起如何的不快，如何在十六年以后，我对它完全感到陌生，以一种成熟而非常苛求但一点也没有变得更为冷漠的眼光来看，也就是说，以一种对本书最初加以探讨的问题失去兴趣的眼光来看，我对它完全感到陌生，不以艺术家的眼光来看科学，而以生活的眼光来看艺术。

三

让我再说一遍，现在我觉得这本书是令我无法忍受的。我认为这本书写得不好，难解且费力，充满了对抽象概念的探讨，易动感情，不合调儿，过分修饰以至达到柔弱的地步，缺乏一种追求逻辑清晰的意愿，完全牵强附会。因此，也就不重视证明，甚至根本不相信证明的可靠性，自认为是一本给初学者所看的书，自认为是给受过音乐洗礼者的"音乐"，自认为是给那些在艺术方面具有共同的一般和特殊体验者所读的书，一本傲慢而狂放的书。

从第一页开始，离开受过教育的人中的凡夫俗子，比离开"人们"更严重，但是正如它曾经显示、现在仍然显示的一样，它很了解如何选出热情的人们，并诱使他们走向新的道路和舞台。

无论如何，人们是怀着一种好奇心和嫌隙心而承认这点的，这里有一个神奇的声音在说话，一个现在还是"未知的神"的门徒，他隐藏在学者身份之下，当面对理智时，隐藏在德国人的严肃和不快之下，甚至隐藏在瓦格纳信徒的不良态度之下。这里有一个具有新奇而仍然无以名之的需求的人，一个与许多问题、经验和隐晦相纠缠的记忆，旁边是犹如另一个问号的狄俄尼索斯。

这里，人们以怀疑的态度对自己说，某些类似神秘而几乎狂放灵魂的东西在说话，它还没有决定它应该显出自己还是隐藏自己，它无法控制地口吃，像说一种生疏语言一样的困难。这个"新的心灵"，它应该歌唱过，而不是说话。可惜，过去我不敢像诗人一样表露我的思想，也许我是可以这样做的，或至少像一位语言学家一样。

因为，甚至到了今天，差不多这个范围内的一切东西还有待语言学家去发现和发掘！尤其是今天还成为我们问题的问题，如果我们对于"何谓狄俄尼索斯"这个问题还没有答案的话，那么希腊人就完全没有为我们所认识，也不可能被认识。

四

那么，狄俄尼索斯情态究竟是什么东西呢？我们在这本书中可以找到一个答案，因为这里是一个"认知者"，即他的神秘崇拜者和追随者在说话。现在，也许我要以更为小心和谦虚的态度来谈一个心理上的问题，因为这个问题和希腊悲剧诞生的问题一样的困难。基本问题是希腊人对痛苦的关系，他们感受痛苦的程度，这种感受是不是不变的？或者，是不是改变了？他们对美、节日庆祝、欢乐、新庆典一再增强的祈求，的确是从贫乏、穷困、抑郁、痛苦中产生的吗？

因为纵使这是真实的，而伯里克利[①]或修昔底德[②]在伟大的追悼演说中经常暗示的，我们如何解释此前的相反祈求，即在生存基础

---

① 伯里克利，公元前五世纪时雅典最伟大政治家，大将军及演说家，在他领导下，古代雅典达到文化和国势的巅峰状态。
② 修昔底德，古希腊历史学家。

上，对丑恶的祈求。假如希腊人坚定的悲观主义意志，悲剧神秘意志，对一切可怕的、邪恶的、神秘的、破坏的、不幸的东西的思想意志，如何解释呢？那么，悲剧必须自何而起呢？也许是从喜悦、力量、丰富健康、过分生命洋溢中产生的。那么从生理上说，狄俄尼索斯式的疯狂是什么呢？从这种疯狂之中，产生了喜剧艺术和悲剧艺术。怎么样？

也许这种疯狂并不必然是堕落、没落和颓废文化的征候呢？也许这是一个精神病医生的问题，有许多健康的神经病？是否有一种种族早期以及属于种族早期的神经病呢？把神和羊合在一起的人羊神"萨提尔"代表什么意义呢？有什么个人体验、什么强制力量使希腊人相信狄俄尼索斯的狂歌纵饮者和原始人是人羊神呢？

至于悲剧中歌舞的起源：也许在希腊人的肉体丰盛而精神饱满的生命时期，具有一种特有的狂喜？也许是结合所有团体，所有庆典大会的那种想象和幻想？如果希腊人在其青年壮盛时代，具有悲剧意志并且是悲观主义者又如何呢？

用柏拉图的话来说，把最大的福祉给予希腊人，如果是这种疯狂的本身又如何呢？相反，在另一方面，正当他们在毁灭和衰弱的时候，希腊人却变得更为乐观、肤浅、做作，也更为热心于逻辑和世界的理性化，因而也更为"快乐"和"科学"，如果这样又如何呢？

　　是的，尽管所有的"现代观念"和民主偏见，乐观主义的胜利，常识的支配，现实和理论的功利主义，像民主本身，它是与此同时发生的，所有这些东西，不是没落气势的征象吗？不是接近衰老的征象吗？不是身体疲乏的征象吗？

　　在任何意义下，不是悲观主义吗？伊壁鸠鲁是一个乐观主义者吗？由于他是一个受苦者……现在，我们可以看到本书所承担的重大问题，我们不要忘记一切人类最重大的问题吧，从生活的眼光来看，什么是道德的意义呢？

五

　　即使在给瓦格纳的序言中，艺术，而不是道德，被认为是人类适当的形而上学活动。在这本书中，一再出现下述有意义的话，即世界的存在，只有当作一种艺术现象时，才被证明为合理的。事实上，全书只承认在所有发生的事物背后一种艺术家思想和艺术家回想，如果你愿意的话，你可以说它是一位"神"，不过只是一位没有思想、非道德的艺术之神。这位艺术之神，无论在创造或破坏中，无论在良善或邪恶中，都希望自觉他所享有宁静的喜悦和支配。当其创造世界时，他解脱了饱满和洋溢的苦闷，解脱了他心中郁结的矛盾痛苦。

世人被认为是神的不断救赎，是不断的变动，是最大痛苦的不断更新，是最混乱也最矛盾的东西，他只有在幻想中才能解脱自己。如果你愿意的话，你可以称它为任意、怠惰、狂热，但重要的是，这整个艺术形而上学早已显示出一种精神，这种精神，有一天将会不顾任何危险，拒绝对生命做任何道德的解释，也拒绝给予生命道德意义。

这里，也许是"超善恶"本身第一次宣称的悲观主义。这里，叔本华所不断反抗的"邪恶倾向"被赋予形式和表现了，这里是一种敢于将道德置于现象世界中的哲学，不但将道德置于"现象"中，在观念论者所用专门术语的意义上说，也置于作为形象、外貌、错误、解释、理性化、艺术幻想之中。

从全书中那种对付基督教的自卫和敌意的沉默中，也许可以非常完美地探查到这种反道德倾向的深处，基督教是人类向来被迫听从的道德问题的最大讽刺。事实上，没有比基督教的教条更为反对本书中所说的纯粹审美的世界观和审美的理由，这种基督教的教条只是道德的，它只希望成为道德的，并且它借助绝对的标准，比如借助对上帝的信仰，轻视、否认、鄙视、责难，艺术，轻视所有艺术，把一切艺术都归为虚假。

在这种真实而敌对艺术的思想和评价方式背后，我常常发现某些敌对生命的东西，对生命意志的一种怨愤、辩护的否定。因为整个生命都是建筑在外相、艺术、幻想、人类洞察力、远景和错误之上。自始，基督教完全而彻底是对生命的昏眩，它只是伪装、隐藏和装饰在"另一个"或"更好"生命的信念之下。

对"现世"的怨恨，对美和安逸的恐惧，来世观念，用以根本诽谤这个世界而根本上对空无、终局、静寂、"安息的安"的祈求。在我看来，所有这些基督教无条件坚持承认的道德价值，是"毁灭意志"一种最危险的、不祥的方式。至少，也是一种最致命疾病的征象，最深刻的厌倦、胆小、疲惫、贫血的征象，因为从道德的观点来看，尤其是基督教的道德这个"绝对道德"的观点来看，生命永远而必然是失败者，因为生命根本就是非道德的东西。

诚然，从屈服在受辱而永远否定的压力之下而言，生命最后必然被感到是不值得追求的，本身是无价值的。但是道德本身，又是什么呢？道德不是一种否定生命的意志吗？道德不是一种秘密的毁灭本能、衰落原则、贬值原则、诽谤原则，简言之，不是生命的终结吗？

因此，道德不是危险中的危险吗？因此，在这本挑拨性的书中，成为中心的，是我的反道德本能，防护生命的本能，这个本能为自己发明一个基本的相反教条和对生命的相反评价，也就是纯粹艺术和反基督的。我应该称它为什么呢？作为一个语言学家和作家，我为它命名，似乎有点鲁莽，因为谁能知道反基督的正确名字呢？用希腊神的名字：我称它为狄俄尼索斯。

六

现在你们能够了解我在这本早期著作中所大胆提出的问题吗？现在，我是多么遗憾，那个时候，我没有勇气让自己用一种特殊的语言来表达我个人特殊的观想和企望；我是多么的遗憾，我竟想用康德和叔本华的名词，来表达新奇的价值，而这些价值根本上是反对康德和叔本华的精神和格调的。

比如说，叔本华的悲剧观怎样呢？他在《作为意志和表象的世界》第二部第495节中说，"悲剧提醒我们，这个世界，这个人生，根本不能使我们满意，不值得我们留恋。这里面含有悲剧精神。因此，它走向消极。啊，与叔本华相比，狄俄尼索斯的语调多么不同呀。我是多么不赞同这种消极作风呀！

但这本书中还有更坏的东西，现在，对这些坏东西，我所感到的遗憾，超过我以叔本华的看法来掩饰和破坏狄俄尼索斯的期望时所感到的遗憾。就是说，像我所知道的，我以现代观念的混合物，破坏了希腊人伟大的问题。没有希望的时候，当一切事物明显地指向终结的时候，我却保有希望。考虑到晚近的德国音乐，我开始构想创作"条顿精神"的故事，好像它在发现并回到自己一样，正当不久之前还领导欧洲和支配欧洲意志的德国精神趋于消极的时候，在一个建立帝国的夸大借口之下，转向平凡、民主和现代观念的时候，我从事这个工作。

事实上，我一直知道如何以既不怀着希望，也不怀着惋惜的态度来看这种"条顿精神"，正如我看当代的德国音乐一样。所谓当代的德国音乐完全是浪漫的，是一切艺术形式中最缺乏希腊精神的一种艺术，并且是最能破坏勇气的，对一个好并以暧昧当美德的民族而言，更是加倍的危险，导致兴奋和昏迷的双重麻药。当然，除了应用于许多现代事务的迫切希望和错误以外，甚至在音乐方面，所谓狄俄尼索斯问题还是存在的。对一种不再像德国音乐一样源于浪漫精神，而是源于狄俄尼索斯精神的音乐，我们将做何种想法……

七

但是，我亲爱的先生，如果你的书不是浪漫主义的，那么它是什么呢？能不能比你的艺术形而上学中更强调对目前的"现实"和"现代观念"的深刻怨恨呢？它宁可相信空无或魔鬼而不相信"现在"吗？在你所有双重旋律的音响艺术和听觉魔力之下，没有一种根本的低沉怨愤之声和破坏性的喜悦吗？这本书中没有包含一种对抗一切"现在"者的疯狂决心吗？没有包含一种与虚无主义差不多的意志吗？这种虚无主义似乎说："让一切都成空，一旦你有了理由，你的真理就有效！"

我亲爱的悲观主义者和艺术的蔑视者，听听你自己，用你张开的耳朵，听听你自己书中选出的一段。怎么样呢？是不是1880年有名的浪漫主义伪装成1850年的悲观主义呢？当然，在此之后，立刻奏起浪漫主义者的终曲，在古老信仰之前，在古老上帝之前是破碎、腐朽和沮丧，怎么样呢？你的悲观主义的书，是不是一个反希腊精神的东西？是不是浪漫主义的一件样品？是不是一剂麻药？是不是一首音乐、一首德国音乐？请听下面的话吧：

让我们想象兴起的一代，他们有着这种勇敢的洞察力，有着这种追求伟大的欲望；让我们想象这些屠龙勇士豪迈悲壮的步伐，他们高傲的气势，鄙视所有柔弱的乐观主义思想，完全地"毅然活下去"。

凭借他严厉可怕的自律，在这个文化中的悲剧的人，不需要期求一种新的艺术吗？一种形而上学慰藉的艺术即悲剧吗？把它当作美的理想，而以浮士德的声音呼喊着：

我不要以最大的欲望，

在那些生动的形式中，那唯一美丽的形式中有所得吗？

　　它不是必要的吗？不是，完全不是，你们这些年轻的浪漫主义者，它不是必要的！但是，很可能事情就此结束，你们很可能如此了结，用我的名词来说，尽管你们所有严厉可怕的自律，你们"安于舒适"。总之，像浪漫主义者不想结束的形而上学的安稳舒适，像基督徒……

　　不是！我年轻的朋友们，如果你们仍想成为悲观主义者，你们先要学习在地上安适的技艺，你们应该学习如何去笑。如果这样的话，也许你们将像笑者一样，终会丢开形而上的安适，尤其是形而上学。啊，用狄俄尼索斯巨人所谓查拉图斯特拉的语言来说：

　　我的同胞们，打起你们的精神，高高的，更高的吧！

　　不要忘记你们的腿！

　　你们优秀的舞蹈者们，提起你们的腿吧！

　　如果你们倒立起来，那会更好！

　　这笑的王冠，这玫瑰花环的王冠！

　　我自己曾经戴过这顶王冠，我自己曾把我的笑声奉为神圣。

　　今天，我没有发现别人能够这样做。

舞蹈者查拉图斯特拉，

轻飘的舞蹈者查拉图斯特拉，

用他的羽翼示意，他准备飞翔，

向所有的鸟示意，已准备就绪，

一个幸福轻快的人。

预言者查拉图斯特拉。

预笑者查拉图斯特拉。

没有焦急的人，没有绝对的人，

一个喜爱和边缘跳跃的人，

我自己戴过这顶王冠！

这笑的王冠，这玫瑰花环的王冠。

我的同胞们，我把这顶王冠抛向你们。

我曾把笑声奉为神圣。

你们这些更高贵的人，我希望你们学习，去笑！

附录3：译后语

一、本书原著是德文，译者不谙德文，是从英译本转译出来的，如与原著有出入之处，希读者不吝指正。

二、本书完全采用直译法，为了迁就英译原文，有些地方，文字上可能稍欠通顺。

三、在第二章《为什么我如此聪明》里，尼采过分强调气候、环境、营养等问题对一个天才的影响力，这种说法很可能使读者们误以为他是一个倾向于唯物主义的人。其实，尼采的原意只是针对那些教士而发的，因为教士们整天向人们灌输天国思想，而尼采则是要人们过地上生活，对一个有血有肉的具体生活而言，这些所谓气候、环境和营养问题，当然重于那些所谓"来世""天国""不朽"等问题。

四、在说到对命运的爱时，尼采强调他自己不希望改变什么，这种说法与他对一切价值重新估价的气概，似有矛盾之处。这里，我们可以试做一个解释。对命运的爱是他的形而上的感情，既然这个世界是永恒轮回的，我们就生活在这个世界里，唯有接受这个命运，并且要勇敢地接受这个命运。可是，对一切价值重新估价，则是他的文化感情。人类在文化世界所导致的错误价值判断，应该加以纠正。尼采认为，由于基督教文化所带来的价值观念，都是不健全的价值判断，所以他要对一切传统价值重新估价。

　　五、尼采早年埋首希腊古典文献的研究，博览群书，可是，有一天当他发现自己的眼睛不能再阅读书籍的时候，竟认为这是他一生中所得的最大恩赐。这个时候，他发现他过去的时光都浪费掉了，因为在书堆里打滚，确实没有独立思考的时间，所以尼采批判那些所谓学者，说他们离开书本就不能思想了。关于这一点，读者们应该注意，尼采并不是教我们不要读书，他只是要我们善于读书，有些人把一生的时光都读光了，把潜伏的创造力读碎了，到头来只变成一个读书虫，没有任何创造力，像这样的人，还不如不读书。如果不是尼采的视力阻碍他继续读书，也不会有今天的尼采了。

附录4：尼采年谱

1844年

10月15日　生于普鲁士萨克森州的洛肯镇。

好几代先祖及父亲皆为路德教派的牧师。外祖父也是牧师。

1846年

2岁　妹妹伊丽莎白出生。

1848年

4岁　2月，弟弟约瑟夫出生。

1849年

5岁　7月30日，父亲因脑软化症去世。

1850年

6岁　1月，弟弟约瑟夫夭折。4月，举家迁往塞尔河畔的瑙姆堡。入小学读书。

1854年

10岁　初试作曲。

1856年

12岁　初次出现头痛与眼疾的症候。

1858年

14岁 10月，进入瑙姆堡近郊普福塔高等学校读书。开始与研究印度哲学的保尔·德伊森交朋友。

1860年

16岁 在瑙姆堡为文学与音乐的小团体"日耳曼尼亚"开始写作各种研究性质的作品。这一年，叔本华逝世。

1861年

17岁 初次接触瓦格纳的音乐。爱读莎士比亚、荷尔德林、席勒等人的作品。

1862年

18岁 常为头痛所苦，怀疑是父亲的遗传所致。在"日耳曼尼亚"的集会上发表论文《命运与历史》。创作了《意志的自由与命运》一文。

1863年

19岁 读爱默生的作品。

1864年

20岁 9月，从普福塔高等学校毕业。毕业论文是《关于梅卡拉的特欧古尼斯》。写作诗歌《给不知的神》。10月，进波恩大学，专攻神学与古典语文学。古典语文学是向里敕尔教授学习的。

1865年

21岁　10月，追随里敕尔教授转学到莱比锡大学。初次读到叔本华的著作《作为意志和表象的世界》，颇受感动。12月，听里敕尔的建议成立古典语文学会。

1866年

22岁　1月，在《古典语文学》上发表《关于第欧古尼斯的最后版》，受到里敕尔的赞赏，决心要成为语文学家。开始与同为里敕尔门下弟子的厄尔温·罗德交往。普奥战争爆发，虽接到两次召集令，但因深度近视延期入伍。

1867年

23岁　10月，应召参加瑙姆堡炮兵部队。《关于狄俄尼索斯的典据》获得大学征文奖，开始创作《论叔本华》一书。

1868年

24岁　3月，执勤中从马上摔下。10月，退伍。在莱比锡大学复学。11月，经里敕尔夫人的介绍结识瓦格纳。

1869年

25岁　2月，经里敕尔教授的推荐，受聘为巴塞尔大学的古典语文学助教。3月，未经考试获得莱比锡大学颁授的学位。4月，依据大学任职规定，脱离普鲁士国籍成为瑞士人。5月27日，初访琉森近郊托里普森的瓦格纳家。5月28日，在巴塞尔大学发表就职讲演，题目为"荷马与古典语文学"。与布克哈特结交。

1870年

26岁　以《希腊之音乐剧》为题，举行公开讲演。3月升为正教授。7月，普法战争爆发，志愿从军担任医护兵，写《狄俄尼索斯的世界观》。不久，因患赤痢及白喉退伍，10月回巴塞尔。与神学家奥瓦贝克开始交往。

1871年

27岁　2月，因病请假，和妹妹一起住在鲁卡诺六周，此时开始创作《悲剧的诞生》。

1872年

28岁　1月，出版《悲剧的诞生》。以《德国教育设施的前瞻》为题，连续举行五次讲演。4月，在托里普森最后一次（第23次）访问瓦格纳。5月，参加拜罗伊特祝祭剧场的开工典礼。此时与迈森布克相识。

1873年

29岁　从这一年开始，有严重的头痛。自前一年秋天开始创作《希腊悲剧时代的哲学》。出版《不合时宜的思想》第一部《信徒及作家的大卫·施特劳斯》。

1874年

30岁　出版《不合时宜的思想》第二部《历史对生命的利弊》，第三部《教育家叔本华》。初读法国作家司汤达的小说《红与黑》，颇受震动。

1875年

31岁　患眼疾与胃病。初识音乐家彼得·加斯特。写《科学与莫知的斗争》。

1876年

32岁　健康恶化，2月中旬停止授课。4月，在日内瓦向荷兰女音乐家玛蒂尔德·特兰贝达求婚遭拒。读迈森布克的《某理想主义者的回忆》而感动。7月，出版《不合时宜的思想》第四部《在拜罗伊特的瓦格纳》。赴拜罗伊特参加拜罗伊特剧场第一次演出。9月与心理学家保罗·李结交。病况继续恶化，辞去大学的一切职务。与保罗·李等一起留居意大利。与瓦格纳进行最后的交往。撰写《人性的，太人性的》备忘录。

1877年

33岁　1月，瓦格纳题献尼采一部歌剧《帕西法尔》。5月，出版《人性的，太人性的》。尼采送瓦格纳《人性的，太人性的》，与瓦格纳的友谊终结。9月回巴塞尔，在大学恢复上课。瓦格纳在杂志上发表攻击尼采的文章，尼采感到很受伤。

1879年

35岁　出版《人性的，太人性的》第二部上卷《各种意见与箴言》。因病重辞去巴塞尔大学教席。读俄国作家果戈理、诗人莱蒙托夫，美国作家爱伦·坡、马克·吐温等的著作。当年病痛达118天，自称是"我一生中最黯淡的冬天"。

1880年

36岁　出版《人性的，太人性的》第二部下卷《漂泊者及其影子》。常梦到瓦格纳。在日内瓦过冬。

1881年

37岁　1月完成《曙光》，6月出版。7月到9月，住在瑞士。8月，构思"永恒轮回"学说的主要观点。11月27日，在日内瓦初次欣赏法国作曲家比才的歌剧《卡门》。

1882年

38岁　4月，受迈森布克的邀请去罗马，认识罗·莎乐美。5月，向莎乐美求婚遭到拒绝。8月，完成《快乐的知识》并出版。为莎乐美与母亲及妹妹的不和而伤透脑筋。为莎乐美作诗《寄放生》，后改名为《生的赞歌》出版。《查拉图斯特拉如是说》第一部的构想成熟。从这一年到1888年写了很多以"权力的意志"为题的《八十年代遗稿》。

1883年

39岁 自2月3日到13日，用十天的时间完成《查拉图斯特拉如是说》第一部，完成之日，瓦格纳去世，6月出版这部书的第一部。7月完成《查拉图斯特拉如是说》第二部。在尼斯过冬。

1884年

40岁 1月，完成《查拉图斯特拉如是说》第三部，4月同时出版第二、三两部。8月施坦因拜访尼采。尼采此时读到陀思妥耶夫斯基的小说《罪与罚》，深受感动。

1885年

41岁 2月，在尼斯完成《查拉图斯特拉如是说》第四部。执笔创作《善恶的彼岸》。

1886年

42岁 5—6月，在莱比锡与厄尔温·罗德作最后一次的晤面。8月自费出版《善恶的彼岸：未来哲学序曲》。秋天完成《快乐的知识》第五卷《我们是不知恐惧的人》。将《悲剧的诞生》的副标题改为《希腊精神与厌世主义》出新版。

1887年

43岁 《曙光》与《快乐的知识》出新版。7月，完成《道德的世系》。出版《生的赞歌》。

1888年

44岁　1月，经布兰德斯的介绍，才知道有克尔恺郭尔其人。4月，布兰德斯在哥本哈根大学开德国哲学家弗里德里希·尼采讲座。7月，完成《瓦格纳事件》，9月出版。《狄俄尼索斯颂歌》脱稿。8月，完成《偶像的黄昏》。9月完成《反基督》。在10月15日生日那一天开始写《瞧！这个人》，11月4日完成（于死后的1908年出版）。12月完成《尼采反对瓦格纳》。完成诗作《狄俄尼索斯醉歌》。12月末，在给朋友们的信中，已看出有精神错乱的症状。

1889年

45岁　1月上旬，在托里诺昏倒，患严重中风，出现精神分裂现象，被送进耶拿大学医学院精神科，母亲赶来照顾。1月末出版《偶像的黄昏》，私人出版《尼采反对瓦格纳》。

1890年

46岁　5月13日，由母亲带回瑙姆堡。妹夫自杀，妹妹从巴拉圭回国。

1891年

47岁　妹妹开始干涉尼采作品的出版，尤其企图阻止《查拉图斯特拉如是说》出版（据说她是担心《驴祭》一章）。

1894年

50岁　尼采的病情持续恶化，不能在户外散步。年初，妹妹阻止卡斯特出版《尼采全集》，2月在母亲家编纂《尼采文库》并自己编撰哥哥的全集。

1897年

53岁　母亲去世，与妹妹移居魏玛。

1899年

55岁　经妹妹的手出版第三版的十九卷全集。妹妹的友人汉斯·奥尔德为《尼采文库》创作尼采望日落的肖像画。

1900年

56岁　8月25日中午，在魏玛去世。8月28日，葬于故乡洛肯镇的父母坟墓旁。逝世后尼采与柏拉图、亚里士多德、斯宾诺莎、康德、叔本华、黑格尔并列为世界哲学史上不朽的思想家。